本书获得江苏省教育厅高校哲学社会科学基金项目资助(项目编号：2016SJB790025)

世纪之战：

逆全球化背景下的贸易战

◎ 尹继元 著

中国纺织出版社

内 容 提 要

本书通过自 WTO 成立以来的反倾销数据研究，提出了中国的应对之策，为中国政府和企业建立反倾销、反补贴的预警机制提出了很好的建议和方法。本书有数据、有案例、有图表，直观易懂，具有较高的学术价值，可以作为相关专业人员的研究参考。同时，本着提出问题、分析问题、解决问题的思路撰写本书，为政府、企业决策提供了一定的参考。

图书在版编目（CIP）数据

世纪之战：逆全球化背景下的贸易战 / 尹继元著
. -- 北京：中国纺织出版社，2018. 3（2022.8 重印）
ISBN 978-7-5180-4544-0

Ⅰ. ①世… Ⅱ. ①尹… Ⅲ. ①国际贸易 - 贸易战 - 研究 Ⅳ. ① F74

中国版本图书馆 CIP 数据核字（2017）第 321975 号

策划编辑：王慧　　责任编辑：吕倩　　责任印刷：储志伟

中国纺织出版社出版发行
地址：北京市朝阳区百子湾东里 A407 号楼　邮政编码：100124
销售电话：010 — 67004422　传真：010 — 87155801
http: //www. c-textilep. com
E-mail: faxing@c-textilep. com
中国纺织出版社天猫旗舰店
官方微博 http: //weibo. com/2119887771
佳兴达印刷（天津）有限公司印刷
2018 年 3 月第 1 版　2022 年 8 月第 7 次印刷
开本 :787×1092　1 / 16　印张 :11. 25
字数 :184 千字　定价：56. 00 元

前　言

2017 年初，主张“美国优先”的特朗普成为美国总统，并在上任伊始就退出跨太平洋伙伴关系协定（TPP），修建美墨边境墙，重启“301 条款”开展对中国的贸易调查，威胁要退出北美自由贸易协定……这一系列举措，预示着他是一个逆全球化的总统。特朗普总统的表现表明，他可能带领美国与中国开展一次全球规模最大的贸易之战。

与此同时，英国开启退出欧盟之路，法国的反全球化民粹主义者勒庞、葡萄牙等国的反全球化的极右势力都在本国的大选中取得进展。这些都预示着轰轰烈烈开展了几十年的全球化之路，遇到了前所未有的挑战，贸易保护主义思潮在全球抬头，持续了几十年的贸易战即将变得更加激烈。为了应对美国掀起的新一轮贸易战，为国内的企业、政府机构提供一些理论和实战指导，本人特撰写此书，希望能够为中华民族的崛起添砖加瓦。

早年，我进入学校教书之前，曾多年从事国际贸易工作，饱受贸易战之苦，特别是在和美国、欧盟的贸易中，他们的反倾销、反补贴调查经常使原本顺利的出口贸易业务中断，造成巨大损失。我痛心疾首，深感国人需要深入持续地研究反倾销等贸易保护主义手段，保护本国经济和企业。

2006 年，我获得江苏省公费留学奖学金，第一次有机会远赴新西兰梅西大学（MASSEY UNIVERSITY）访问学习，师从著名的 WTO 专家、博士生导师 Allen Ray 教授和市场营销专家、博士生导师 P. J. Gendall 教授。在此期间，本人发表于《IT 时代》的文章《中国商品屡遭反倾销调查背后隐藏何种原因》被 CCTV 4、中国新闻网、国家发改委、商务部、经济界、金融界以及香港、台湾、新加坡等官方、学界一百多家媒体全文转载转刊。我备受鼓舞，对这一主题的研究热情更加高涨，于是走访外贸企业、政府机构，随时关注学界动向，努力拓展调研的深度与广度。

2011 年，本人到上海外国语大学访问学习，同时从事反倾销、反补贴方面的课题研究。2012 年，本人同时获得国家留学基金委的公费留学奖学金和江苏省中青年骨干教师公费留学奖学金，并于 2012 年 8 月赴加拿大约克大学访问学习，师从被中国科学院评为 20 世纪全球著名经济学家、加拿大政府顾问、博士生导师 Daniel Drache 教授。在教授的指导下，应用 WTO 的统计数据、以及美国商务部、加拿大商务部的统计数据，对 1995 年 WTO 成立以来的全球反倾销数据进行了系统的研究，参加了 2013 年初在东京和印度新德里举行的全球反倾销学术论坛，并在当年于全球排名前五的学术论文网站 SSRN 发表论文《*Anti－Dumping Wars：An Empirical and Comparative Analysis of Unfair Trading Suits by China，India，Canada，the United States and the European Union*，1995－2011》。同时，走访了美国的斯坦福大学、哥伦比亚大学、罗格斯大学等，也走访了加拿大的多伦多大学、北哥伦比亚大学、卡尔加里大学等大学以及相关的研究机构、企业，对反倾销等贸易保护主义措施有了系统全面的认知。

2013 年底，本人回国以来，继续从事反倾销、反补贴、TPP 的专题研究，先后在《*WTO and China*》《国际经贸探索》《浙江学刊》等学术期刊上发表了多篇专业论文，并申报获得了省教育厅、江苏省社科联的研究课题立项。本人由此萌生了研究与创作的激情。

本人撰写这本书的目的在于帮助我国企业建立起反倾销、反补贴的预防机制，与特朗普政府的逆全球化进行坚决的斗争，所采集的数据都是来源于 WTO 官方统计，并都经过严格的数理统计和模型计算，因此具有严格的科学性和准确性，对政府决策和企业战略制定都具有现实的指导意义，我也相信那些真正了解中国外贸现状的人能够从这些数据中找到共鸣。

在这篇前言中我首先要向 Daniel Drache 教授致以最真挚的感谢。在他的帮助和持续指导下，我才能够持续对反倾销、反补贴、TPP 进行持续研究。

可以说，没有 Daniel Drache 的启发、鼓励和支持，就不会有这本书的诞生。所以，在此我谨向老先生致以最诚挚的感谢。第二个要感谢的是南京大学的安礼伟老师，他和高松婷的《中国对外反倾销现状、效应及对策分析》给了我很多启发，也使得本书的理论体系更加完善。

同时要感谢的人还有：江苏经贸职业技术学院的戴庆华书记、薛茂云院长，以及学院的其他领导、金融学院的领导、同事和朋友们，正是他们的鼓励和帮助，让我搜集到许多从未公之于众的素材、数据和资料，让我有时间和激情开展深入的学术研究。谢谢你们的无私帮助！

尹继元

2017 年秋于南京

目　录

CONTENTS

第一章　国际贸易战的利器——反倾销

反倾销的定义:反倾销的英文是 Anti-Dumping,指对外国商品在本国市场上的倾销所采取的抵制措施。为使外国商品不能廉价出售,对倾销的商品除征收一般进口税外,再增收附加税,即“反倾销税”。

虽然《关税及贸易总协定》中对反倾销问题有明确规定,但实际上各国各行其是,各国都有自己的反倾销法或者反倾销规定,并且把反倾销作为贸易战的主要手段之一。如美国政府规定:外国商品刚到岸价格低于出厂价格时被认为商品倾销,将立即采取反倾销措施。

世界贸易组织(WTO)的《反倾销协议》规定,一成员政府要实施反倾销措施,必须遵守三个条件:第一,确定存在倾销的事实;第二,确定对国内产业造成了实质损害或威胁,或对建立国内相关产业造成实质阻碍;第三,确定倾销和损害之间存在因果关系。

按照倾销的定义,若产品的出口价格低于正常价格,就会被认为存在倾销。出口价格低于正常价格的差额被称为倾销幅度。所以,确定倾销必须经过三个步骤:

第一,确定出口价格;

第二,确定正常价格;

第三,对出口价格和正常价格进行比较。

正常价格通常是指在一般贸易条件下出口国国内同类产品的可比销售价格。如该产品的国内价格受到控制,往往以第三国同类产品的出口价格来确认正常价格。

与启动反补贴调查不同的是,倾销行为的受害国在开始反倾销调查前没有与当事成员进行磋商的义务;在审查倾销对国内产业的影响时,需要考虑倾销幅度的大小并确定倾销幅度。世界贸易组织(WTO)规定,倾销幅度不超过进口价格的2%。被反倾销的产品进口量占同类产品进口比例不超过3%,是可以忽略不计的倾销幅度的最低限额,即在此幅度内不得采取反倾销措施。

反倾销的最终补救措施是对倾销产品征收反倾销税，征收反倾销税的数额可以等于倾销幅度，也可以低于倾销幅度。

尽管反倾销调查并未结束，但在已经初步裁定存在倾销及其造成的损害，并防止倾销在调查过程中继续造成损害，且各当事方已经得到充分的提供情况和发表意见的机会的前提下，受害成员可以采取临时措施。

另外一种补救措施是价格承诺。若出口商自愿做出令人满意的承诺，修改价格或停止以倾销价格出口，则调查程序可能被暂停或终止，有关部门不采取临时措施或征收反倾销税。

与启动反补贴调查程序一样，一成员政府应该在接到国内受倾销产品损害的企业或产业的申请后，展开反倾销调查。各当事方（包括出口商所在成员政府、出口商或国外生产商、被调查产品的进口商、行业协会、进口国同类产品的生产商及其行业协会等）必须得到关于启动调查的通知。若没有充分证据表明存在倾销及其损害，或者倾销幅度或倾销进口数量低于最低限额，则应终止调查。

在世界贸易组织框架下，只有政府才能采取反倾销措施，贸易商和产业界无权采取任何反倾销措施。因此，一国的贸易商或产业界必须通过政府来启动反倾销程序。

若受到调查的出口产品成员国不满展开反倾销调查的成员所采取的行动，它可以将问题提交世界贸易组织（WTO）争端解决机构来解决。在这种情况下，出口商必须通过本国政府采取行动。

反倾销条件

世界贸易组织（WTO）的《反倾销协议》规定，对倾销产品征收反倾销税必须符合三个基本条件：

第一，确定存在倾销的事实；

第二，确定对国内产业造成了实质损害或威胁，或对建立国内相关产业造成实质阻碍；

第三，确定倾销和损害之间存在因果关系。

倾销存在、损害存在、倾销与损害之间存在因果关系，在这三个条件都具备的情况下，才能确定国际反倾销的事实。

反倾销应诉准备

密切关注反倾销申诉和立案动态，及时咨询专业人士；必要时，寻求商务主管部门和相关商会及行业协会的指导；如涉案，应在专业律师的指导下积极准备相关材料和证据；配合律师填写问卷，以便在经过充分分析和论证后，按时递交至调查当局。此外，顺利通过实地核查也是非常重要的环节。除此之外，在有些国家（如美国），法律抗辩和司法审查也是十分重要和有效的手段。

中华人民共和国反倾销措施

反倾销申请资格

国内产业或者代表国内产业的自然人、法人或者有关组织都可以依照《中华人民共和国反倾销条例》的规定向商务部提出反倾销调查的书面申请。

反倾销程序

受理反倾销调查申请并对申请是否由产业或者代表产业提出、申请书内容及所附具的证据等进行审查，决定立案调查或者不立案调查；

负责倾销及倾销幅度、产业损害及损害程度的调查和确定，认定倾销和损害之间的因果关系，根据调查结果做出初裁决定和终裁决定；

受理反倾销、新商复审、期中复审、日落复审、反规避的申请，决定是否展开调查，根据调查做出相关裁定；

对采取要求提供现金保证金、保函或者其他形式的担保的临时反倾销措施做出决定；

提出征收临时反倾销税、最终反倾销税以及保留、修改或者取消反倾销税的建议；

负责与价格承诺协议相关的磋商，商签承诺协议并监督实施，做出保留、修改或者取消价格承诺的决定；

对外公告的发布、产品范围调整、信息披露、对有关利害关系方的通知等；

同时，负责与反倾销有关的对外磋商、通知和争端解决事宜。

商务部下设进出口公平贸易局和产业损害调查局分别处理相关事务。

具体而言，有关倾销方面的工作由商务部进出口公平贸易局负责，有关产业损害方面的工作由产业损害调查局负责，同时公平贸易局和产业损害调查局共同就倾销和损害之间的因果关系进行调查，由商务部统一做出决定或裁决并对外发出公告。

农业部：会同商务部对涉及农产品的反倾销产业损害进行调查。

国务院关税税则委员会：税则委员会根据商务部的建议做出征收临时反倾销税和最终反倾销税等与“税”有关的决定。

海关总署：海关总署是反倾销案件中的具体执行机关，负责执行临时反倾销措施和征收反倾销税以及退税等事宜。

一般情况下，具有法定资格的申请人提出反倾销调查书面申请，是反倾销立案的依据，也是反倾销申诉程序启动的源头和关键。

反倾销临时解决方法（以《中华人民共和国反倾销条例》为例）

第二十八条：初裁决定确定倾销成立，并由此对国内产业造成损害的，可以采取下列临时反倾销措施：

（一）征收临时反倾销税；

（二）要求提供保证金、保函或者其他形式的担保。

临时反倾销税税额或者提供的保证金、保函或者其他形式担保的金额，应当不超过初裁决定确定的倾销幅度。

第二十九条：征收临时反倾销税，由商务部提出建议，国务院关税税则委员会根据商务部的建议做出决定。要求提供保证金、保函或者其他形式的担保，由商务部做出决定并予以公告。海关自公告规定实施之日起执行。

第三十条：临时反倾销措施实施的期限，自临时反倾销措施决定公告规定实施之日起，不超过 4 个月；在特殊情形下，可以延长至 9 个月。

自反倾销立案调查决定公告之日起 60 天内，不得采取临时反倾销措施。

反倾销价格承诺

第三十一条：倾销进口产品的出口经营者在反倾销调查期间，可以向商务部做出改变价格或者停止以倾销价格出口的价格承诺。

商务部可以向出口经营者提出价格承诺的建议。

商务部不得强迫出口经营者做出价格承诺。

第三十二条：出口经营者不做出价格承诺或者不接受价格承诺的建议的，不妨碍对反倾销案件的调查和确定。出口经营者继续倾销进口产品的，商务部有权确定损害，威胁更有可能出现。

第三十三条：商务部认为出口经营者做出的价格承诺能够接受并符合公共利益的，可以决定中止或者终止反倾销调查，不采取临时反倾销措施或者征收反倾销税。中止或者终止反倾销调查的决定由商务部予以公告。

商务部不接受价格承诺的，应当向有关出口经营者说明理由。

商务部对倾销以及由倾销造成的损害做出肯定的初裁决定前，不得寻求或者接受价格承诺。

第三十四条：依照本条例第三十三条第一款规定中止或者终止反倾销调查后，应出口经营者请求，商务部应当对倾销和损害继续进行调查；或者商务部认为有必要的，可以对倾销和损害继续进行调查。

根据前款调查结果，做出倾销或者损害的否定裁定的，价格承诺自动失效；做出倾销和损害的肯定裁定的，价格承诺继续有效。

第三十五条：商务部可以要求出口经营者定期提供履行其价格承诺的有关情况、资料，并予以核实。

第三十六条：出口经营者违反其价格承诺的，商务部依照本条例的规定，可以立即决定恢复反倾销调查；根据可获得的最佳信息，可以决定采取临时反倾销措施，并可以对实施临时反倾销措施前 90 天内进口的产品追溯征收反倾销税，但违反价格承诺前进口的产品除外。

价格承诺的履行期限不超过 5 年。

反倾销税

第三十七条：终裁决定确定倾销成立，并由此对国内产业造成损害的，可以征收反倾销税。征收反倾销税应当符合公共利益。

第三十八条：征收反倾销税，由商务部提出建议，国务院关税税则委员会根据商务部的建议做出决定，由商务部予以公告。海关自公告规定实施之日起执行。

第三十九条：反倾销税适用于终裁决定公告之日后进口的产品，但属于本条例第三十六条、第四十三条、第四十四条规定的情形除外。

第四十条：反倾销税的纳税人为倾销进口产品的进口经营者。

第四十一条:反倾销税应当根据不同出口经营者的倾销幅度,分别确定。对未包括在审查范围内的出口经营者的倾销进口产品,需要征收反倾销税的,应当按照合理的方式确定对其适用的反倾销税。

第四十二条:反倾销税税额不超过终裁决定确定的倾销幅度。

第四十三条:终裁决定确定存在实质损害,并在此前已经采取临时反倾销措施的,反倾销税可以对已经实施临时反倾销措施的期间追溯征收。

终裁决定确定存在实质损害威胁,在先前不采取临时反倾销措施将会导致后来做出实质损害裁定的情况下已经采取临时反倾销措施的,反倾销税可以对已经实施临时反倾销措施的期间追溯征收。

终裁决定确定的反倾销税,高于已付或者应付的临时反倾销税或者为担保目的而估计的金额的,差额部分不予收取;低于已付或者应付的临时反倾销税或者为担保目的而估计的金额的,差额部分应当根据具体情况予以退还或者重新计算税额。

第四十四条:下列两种情形并存的,可以对实施临时反倾销措施之日前90天内进口的产品追溯征收反倾销税,但立案调查前进口的产品除外:

(一)倾销进口产品有对国内产业造成损害的倾销历史,或者该产品的进口经营者知道或者应当知道出口经营者实施倾销并且倾销对国内产业将造成损害的;

(二)倾销进口产品在短期内大量进口,并且可能会严重破坏即将实施的反倾销税的补救效果的。

商务部发起调查后,有充分证据证明前款所列两种情形并存的,可以对有关进口产品采取进口登记等必要措施,以便追溯征收反倾销税。

第四十五条:终裁决定确定不征收反倾销税的,或者终裁决定未确定追溯征收反倾销税的,已征收的临时反倾销税、已收取的保证金应当予以退还,保函或者其他形式的担保应当予以解除。

第四十六条:倾销进口产品的进口经营者有证据证明已经缴纳的反倾销税税额超过倾销幅度的,可以向商务部提出退税申请;商务部经审查、核实并提出建议,国务院关税税则委员会根据商务部的建议可以做出退税决定,由海关执行。

第四十七条:进口产品被征收反倾销税后,在调查期内未向中华人民共和国出口该产品的新出口经营者,能证明其与被征收反倾销税的出口经营者无关联的,可以向商务部申请单独确定其倾销幅度。商务部应当迅速进行审查并做出终裁决定。在审查期间，可以采取本条例第二十八条第一款第（二）项规定的措施，但不得对该产品征收反倾销税。

反倾销税征收期限

反倾销税的征收期限不超过5年。但经复审确定终止征收反倾销税有可能导致倾销和损害的继续或者再度发生的，反倾销税的征收期限可以适当延长。

反倾销期终复审

反倾销期终复审，又称日落复审、到期复审，是指在反倾销措施实施届满前的合理时间内，调查机关应利害关系方申请发起或调查机关主动发起的复审程序。期终复审调查审查如果取消反倾销措施，倾销和损害是否会继续或再度发生。如果调查机关经调查得出的结论是肯定性的，则可做出继续维持反倾销措施的裁定。

第二章　反倾销争端解决机制：国际贸易战中的剑和盾

——中国为何会成为全球遭受反倾销调查最多的目标国？

本章导读：在经济全球化的大背景下，各国政府和经济学家都鼓励自由贸易，降低关税，抨击带有贸易保护主义色彩的反倾销、反补贴等贸易救济措施。然而，经济危机爆发后，当本国产业和就业市场受到冲击时，各国又纷纷采取反倾销、反补贴等措施，甚至诉至反倾销争端解决机制保护本国经济。笔者通过对全球，特别是中国、美国、欧盟、印度等国的反倾销案例研究发现，中国等北半球新兴经济体的企业由于资源有限、政府的不作为、缺乏专门人才等原因，成为反倾销争端中最大的受害者；而印度的经验又告诉我们，即使是发展中国家一样可以做到利用反倾销、反补贴等措施，通过相关法定程序，保护和发展本国贸易与经济。此时，反倾销争端解决机制既成了剑也成了盾。

一、反倾销是多边贸易中的突出特点

很久以来，反倾销一直是一些国家政府用来应对和调节由于国际贸易环境高度不稳定和掠夺性价格对世界正常国际经济贸易体系干扰的重要手段。随着全球化越来越明显，各国政府之间也通过谈判签订了很多自由贸易协定。但是，一旦本国经济趋缓或者遇到经济危机的时候，他们又越来越依赖反倾销来保护本国产业，这就是当今多边贸易的现实特点。

倾销是指商品的销售价格低于其合理的价值的商业行为。而反倾销是指专门用来对付这种不公平贸易行为的实践措施，主要是阻止商品在本国的倾销行为，也即阻止一国商品以低于其合理价值的价格在另外一个国家的销售行为的发生。这种在国际贸易组织内已经被广泛应用的贸易保护的合法形式却并不被人们所广泛认可，反倾销方面的法规在加拿大、澳大利

亚、美国等国家已经有一百年以上的历史，但是，很多专家仍然指责它是一种最不受欢迎的、对消费者的惩罚性措施。著名反倾销专家汤姆·布劳德(Tomer Brouders)认为，“反倾销对全球福利起到了消极的负面作用”[1]。

现在的反倾销条款来自于《1947年关税与贸易总协定》第VI条，在解决贸易争端中起着举足轻重的作用。它赋予一国政府在面临另一国商品在本国以低于其原产国生产成本销售，并因此伤害到本国的就业和相关产业时，对这种商品征收惩罚性反倾销关税的权力。加拿大经济学家雅各布·维纳(Jacob Viner)认为，“依据相关的法律条款和规定对非正常的、临时性的倾销商品征收反倾销税是合理的”[2]。事实上，这种观点已经被全球很多国家所接受，但是程序上一定要符合复杂的法律标准规定。WTO要求成员国要按照规定条款和规范的标准去评估伤害、决策、规避措施等。

尽管WTO的许多法规模棱两可，比如对国际价格歧视的定义、对国际垄断战略对竞争影响的定义等都模糊不清。但是并不影响很多国家利用这些条款作为其在国际贸易中的有力手段，各国都抓住倾销对本国产业和就业的消极影响这一点大肆利用WTO有关反倾销的规定。理论上反倾销是用来平衡出口方和进口方的利益，使其各方利益更加均衡合理，但是事实上却很难做到，出口国政府并不关注本国企业以低于成本价出口是否为了驱逐市场上的其他竞争对手而建立起自身的垄断地位。曼昆(Mankiw)和施瓦格(Swagell)在他们《外交事务》一书中批评这一政策是“第三只尾巴”[3]，政客们大多不敢去触碰它，因为他们担心在选举中遭受惩罚，他们常常被愤怒的消费者或者选民责问。表面上看，反倾销反对进口商品以低于成本价在本国市场上销售，保护了本国的企业和就业机会，但是却违背了自由贸易的本质，并增加了最终总消费者的负担。

据分析，倾销指控案件的上升带来了很多困难。例如调查法庭的独立性和透明性、裁决尺度、法律程序运用是否严格，以及为什么WTO不能更强有力地利用争端裁决机制去有效地阻止这些国家的行为等等。相反，无论反倾销还是其他方法的使用都被国内的社会力量左右，他们既反对新自由贸易政策，也反对以前全球政府组织所形成的公平贸易架构，因为他们认为这是以牺牲国内的工作和就业机会为代价的。这些都大大出乎专家们的预料，对其他人而言，他们把它看作洪水猛兽，并滥用这些法律条款从事一些违背法律制定初衷的事情，并从而导致多哈回合谈判的失败，因为各国政府颁布的反倾销法律已经成为多哈贸易谈判的焦点。

二、反倾销案件的爆发

最近一段时间以来，利用反倾销和反补贴政策去开辟本国政策空间的国家越来越多，从 1995 年 1 月到 2011 年底，全球共发起了 4010 例反倾销案例。与此形成对比的是，其中被拿到反倾销争端解决机制系统内解决的案例却只有 427 例。2011 年，全球只有 8 例新的反倾销案例公告进入反倾销争端解决系统，这是 WTO 建立以来最少的一年，从 1997 年最高峰 50 例开始，逐年急剧下降，1999 年 30 例，2003 年 28 例，2005 年 12 例，2009 年 19 例。这里需要引起注意的不仅仅是数量的急剧下降，而是大多数 WTO 成员方已经建立起长期的产品结构调节机制。

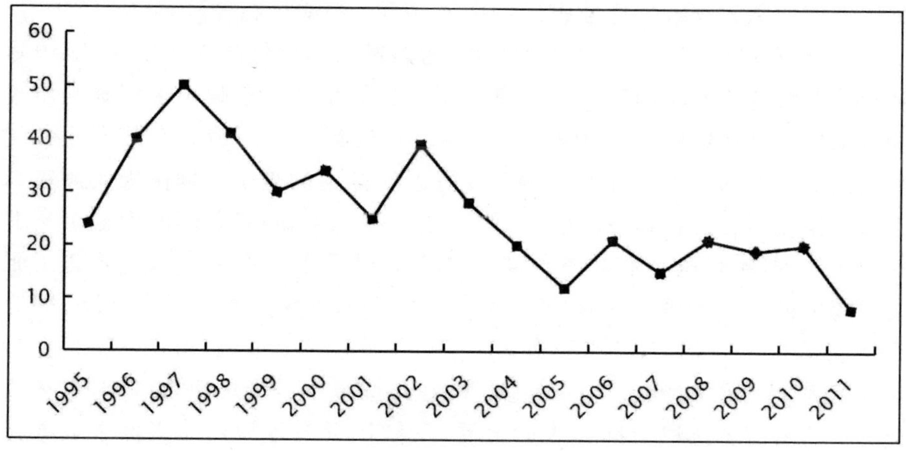

资料来源：依据 www. wto. org 分类数据统计所得

图 1　按年份统计的反倾销争端解决机制系统内案例数量趋势图（1995—2011 年）

WTO 成员方利用反倾销争端解决机制的法律之剑来建立国内的贸易救助解决程序的法律规范，从而建立起 WTO 的投诉驱动系统。这种替代性的国际贸易纠纷解决机制的走向不仅涵盖了反倾销调查，还包括补贴和反补贴措施，当国内的产业受到别国商品的倾销或者补贴伤害时，该国政府有权征收反倾销和反补贴关税。到 2012 年，全球共有 80 例反补贴措施案仍然在执行之中，其中美国 50 例，遥遥领先；欧盟 13 例；加拿大 9 例（World Trade Organization Annual Report 2012，48）[4]。这些保护措施实际上是一些国家用来保护本国具体产业受到冲击或影响时而采取的暂时性限制进口的措施，在经济困难时期就会显著增加。

在广泛的范围内，反倾销案件在新兴经济体之间、发展中国家和发达国家之间爆发已经成为有其自身特点的一种现象。但是，也有70%的WTO成员方从来没有发起过反倾销调查，他们很少或者不会利用这一具有鲜明特点的贸易争端解决机制去解决和别的成员国之间的贸易争端，其主要原因是这些国家没有这方面的专家或者资源去处理这些贸易争端案件。在全球金融危机以后，各国政府在全球贸易中扮演着重要的角色，因为政府希望通过反倾销保护本国的产业和工人的工作机会。

三、从全球贸易体制到各国强化内部法律制度

通过WTO规则的执行而减少各国国家立法去处理国际贸易争端具有重要的意义，这种机制可以达到快捷、低成本、完全自由裁量的效果，特别是当某一行业面临高度竞争压力的时候。当然，所有的这些裁决机制都是损人利己的贸易保护主义行为，这些可以理解为相互依赖的全球化情况下的产业结构调整中的一种倒退。此时，自由贸易也不再是具有比较优势的公平贸易和市场价值的体现。

在强烈的全球化情况下，贸易争端解决本身已经发生了转变，中间调和路线面对新的变革显得越来越困难。过去，政府旧的经济调节杠杆靠深度开发国内需求、创造更多就业、财富的重新分配、发展国家全球竞争力，以及以逆周期政策去保证经济发展和国家稳定。而新的经济杠杆是靠具有竞争力的出口产业作为经济增长的发动机。

从图2我们可以看出贸易温和主义和激进主义之间创造的新的经济结构调整关系。

美国在过去的二十年间，进出口总值占国内生产总值的比例已经从20%提高到30%，提高了十个百分点；欧盟同期增长率是美国的三倍，从53%提高到83%；加拿大依赖巨大的资源出口成为世界上最开放的经济体之一，但是全球金融危机之后其进出口占比出现了大幅下降；金砖五国（中国、巴西、印度、俄罗斯和南非）的进出口总值与国内生产总值占比同期也出现了大约十个百分点的增长，即由38%增长为47%。

还有另外一些指标可以判断贸易情况，即银行贷款、能源出口和外商直接投资额。由于两个国家之间的紧密联系已经使得全球化程度比十年前任何时候都高，这种多方面的相互依存关系已经变得越来越复杂，而且有许多

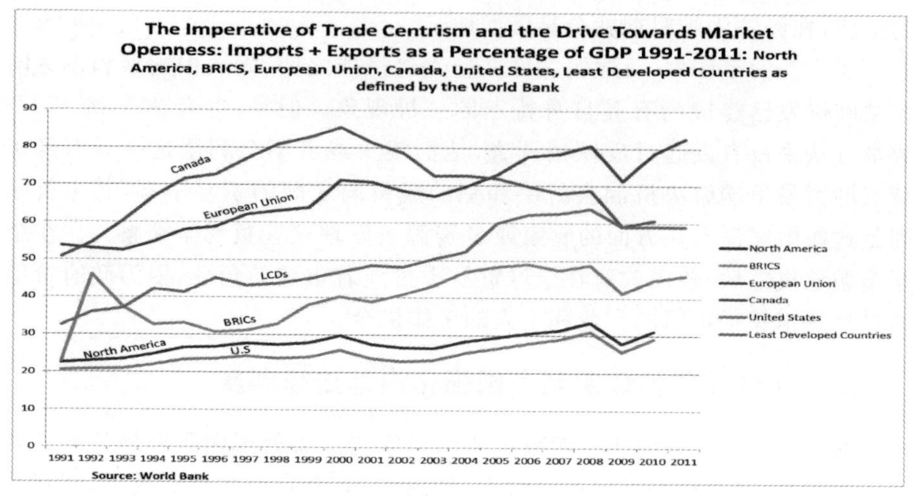

资料来源：世界银行 http://www.worldbank.org/

图 2　主要国家和地区进出口总值占 GDP 的比例图(1991—2011 年)

问题需要解决，例如，金砖五国的经济增长已经在放缓，而欧盟的经济增长已经衰退到了危机前的水平，这些似乎要引导全球经济寻求新的平衡或者说全球经济遇到了新的瓶颈。

在这样的经济环境下，国际贸易政策就变得尤为重要，特别是由于进出口贸易额的巨大占比使得国家间的相互依存显得更为重要，国家间的摩擦和贸易冲突有时都要让位于相互间的贸易依存关系。任何贸易政策的调整都会牵动整个产业的调整和数以千万计的就业岗位，这在新兴市场经济国家中显得尤为突出。这就是为什么很多国家通过反倾销等贸易措施来进行市场再分配的原因。

理论上，反倾销争端解决机制是为了解决国家间贸易争端案件的需要而设计的，但实践中完全被用于解决反倾销争端的案件了，成了调节国内因全球竞争而产生的就业压力和行业威胁的工具。批评者认为它是“贸易竞争制度”，但是常常偏离贸易自由化战略的大方向。平均关税 5%或者更少被认为是理想状态的公平贸易竞争行为，早期的反倾销制度设计是为了解决不公平竞争行为，提高企业竞争力的。奎利雅克(Dan Ciuriak)引用美国的法律说，“反倾销工具的使用是为了实现更大的贸易自由化”[5]。他的观点被广泛接受，反倾销被认为不再是贸易保护主义的国家政策，而是一个放宽市场准入的自由贸易积极政策。

一项基本规则系统的创立要能够满足不同发展水平的国家处理各种贸易争端过程的需要，大多数专家关注点都集中在反倾销争端解决机制的强大的法律效能上，其实，反倾销争端解决机制是解决国家之间针锋相对的贸易冲突的首要选择。对那些认为遭受了不公平惩罚的国家，世界贸易组织充当了最后裁决人的角色，它不是刑事诉讼，但是，它是保障成员国挑战反倾销税和其他限制进口措施的商业权力。

四、反倾销案例告诉我们什么

尽管美国、欧盟及其盟友们制订和掌控着复杂的世界贸易争端解决体系和规则，但是，反倾销案例的数据也反映了 WTO 成员间的力量的改变。1985 年之前，没有一个发展中国家发起过一例反倾销调查或投诉，然而，欠发达的南方经济体此后却发起了超过一半数量的反倾销案（见表 1）。阿根廷、巴西、印度和南非使用反倾销贸易争端解决机制的案例是同期美国的五到二十倍（Mankiew and Swagel, p. 115）。例如，南方经济体每年发起 150—200 例反倾销调查，而北方工业化国家同期每年总计只有 50—75 例。

表 1　主要国家或地区发起反倾销和作为目标国数据（1995—2011 年）

美国	欧盟	中国	印度	四国合计	WTO 总计	
发起国	11.4% (458)	10.9% (437)	4.8% (191)	16.4% (656)	43.5% (1742)	4010
目标国	5.8% (234)	2.2% (87)	21.3% (853)	3.9% (155)	33.2% (1328)	4010

资料来源：笔者依据 WTO 秘书处 2012 年分类数据统计所得（http://www.wto.org）

南方经济体一直用 WTO 反倾销规则保护自身的就业机会和相关产业，或者用此报复那些对其出口产品征收反倾销税的竞争对手。同时，南、北方世界都用单边调查来解决贸易争端中的不公平竞争行为。但是，总体上南方经济体被作为调查目标国的案例是北方工业经济体的两倍，特别是作为反倾销目标国的代表——中国，一直是遭受反倾销调查最多的国家，给其出口贸易带来了一定的伤害；欧盟和美国之间一旦发生争端就意味着数亿乃至数十亿的出口产品受到影响；印度一直是发起反倾销调查和强制征收反倾销税最多的国家（依据 WTO 1995—2011 年数据）。南方经济体作为目标国被反倾销调查多的原因是他们的出口产品的价格低于北方工业国的生产成本。这些数据告诉人们，南方经济体要尽快学会把反倾销法规既作为他们的剑——攻击别国，也作为盾——保护自己。

中国作为反倾销调查最多目标国是因为：中国企业很容易成为反倾销调查的靶子，中国企业在遇到外国攻击时缺乏保护自己的条件，比如政府强有力的支持、熟悉 WTO 规则的专家、必要的财务资源和高质量的管理团队。这就使得很多中国企业在遇到外国攻击时选择放弃辩护，也因此导致针对中国的反倾销调查从最终实施反倾销措施的比率很高。同样是发展中国家，印度的情况则完全相反，从 1995 年到 2011 年，印度一直是发起反倾销调查最多的国家，共 656 例（占 WTO 总数的 16.4%），而作为目标国遭受反倾销调查却只有 155 例（占 WTO 总数的 3.9%）。美国和印度一样，发起反倾销调查案例数量多，而作为目标国被调查情况少。只有中国的情况是出乎意料的，被作为目标国达到 853 例（占 WTO 总数的 21.3%），却只发起反倾销调查 191 例（占 WTO 总数的4.8%）。

表 2　南、北方发起和作为目标国反倾销案例数量统计（1995—2011 年）

项目	北方工业国	南方经济体	
发起	38%(1531)	62%(2479)	100%(4010)
目标国	40%(1613)	60%(2397)	100%(4010)

资料来源：笔者依据 WTO 秘书处 2012 年分类数据统计所得（http://www.wto.org）

表 3　主要国家和地区发起和相互针对案例数量统计（1995—2011 年）

目标国	来自北方	来自南方	来自中国	来自美国	来自欧盟	来自印度	发起	
北方	1498	531	967	152	158	95	316	1531
南方	2512	1000	1512	39	300	342	340	2479
中国	853	322	531		107	107	147	191
美国	234	63	171	34		15	33	458
欧盟	87+	4	83	17	0		48	437+
印度	155	71	84	4	23	33		656

注：欧盟的数量不包括其成员国自己发起的案例数据

资料来源：笔者依据 WTO 秘书处 2012 年分类数据统计所得（http://www.wto.org）

综合表 2 和表 3 可以看出，南方国家一共发起 2479 例反倾销调查，其中 61%（1512 例）是针对其他南方国家，而只有 31%（967 例）是针对北方工业国。发达经济体北半球共发起 1531 例反倾销调查，其中大约 35%（531 例）是针对其他北方国家，其余是针对南方国家，总体上针对南方国家案件的数目远大于北方国家。

中国和美国之间的贸易对抗越来越突出，在针对中国的853例反倾销调查案中，由美国发起作为原告的案例达到107例，而与此同时，中国发起的针对美国的反倾销调查却只有34例。

不能简单地说反倾销规定已经明显地降低了市场准入，据估计，只有不到1%的进口额受到征收反倾销税的影响。有时，关税的影响也是惊人的，加拿大与美国之间的软木贸易战花去加拿大20亿美元罚金，同时，美国国会通过伯德修正案征收了30亿美元的关税。与钢铁行业和化学工业一样，农业和纺织业也是最常被征收反倾销税的对象。反倾销关税税率差异巨大，美国当局征收化学产品的反倾销税从7%—112%不等，软木材料战中征收了毁灭性的9.6%反倾销关税，而电容分压器的反倾销关税是19.34%。

从1995年到2011年，遭受反倾销调查最多的十大行业占到全部反倾销案件总数的92.4%，它们分别是基本金属、化学产品、塑料、机械、纺织品、鞋类、纸浆及纸张、杂项产品、矿产类等。最频繁遭受反倾销调查的行业主要集中在资源密集和基础科技领域，资源密集行业中基本金属排名第一。钢铁行业是最容易遭受反倾销调查的，因此基本金属成为反倾销案例发生的重灾区，其他技术密集型行业依次为化学产品、塑料、橡胶等，都是规模效益明显的行业。

为什么反倾销案例大多发生在资源密集或者规模效益明显的行业和领域呢？米兰达(Miranda,1998)认为是“因为世界市场上钢铁、化学品和塑料是高度周期性行业，在周期底部的时候，企业为了保持公司的运行，可能在市场上以低于成本价销售产品”[6]。而国内的企业在周期底部时最有可能运用反倾销法律来限制外国产品的进口，为了保护自身利益，他们发起反倾销诉讼。

表4 前十大遭受反倾销调查最多的行业或产品(1995—2011年)

行业项目	基本金属	化学制品	塑料	机械	纺织产品	纸浆纸品	鞋类产品	木材产品	杂项制品	矿石产品	合计/总计
案例数	1103	825	513	349	303	208	153	91	86	73	3704/4010
占百分比	27.5	20.6	12.8	8.7	7.6	5.2	3.8	2.3	2.1	1.8	92.4/100
排名	1	2	3	4	5	6	7	8	9	10	

资料来源：笔者依据WTO秘书处2012年分类数据统计所得(http://www.wto.org)

五、反倾销案件输赢比例

研究反倾销不能仅仅关注反倾销案件的数量和所集中的行业，每一个案件也并不总是自动有利于原告方。德普（Drope）和汉森（Hansen）研究指出，2001 年全部反倾销案件达到创纪录的 350 例，但是其中只有 150 例最终实现了征收反倾销税[7]。这些案件中一部分自动取消了调查，另外一些因为出口国同意限制其出口市场份额而终止了倾销调查。那么，还有哪些因素可能影响到跨国贸易呢？有证据表明，虽然反倾销法律几乎被所有国家增加了使用频率，但是这并没有阻止全球总体关税税率的下降，现在全球总体平均关税税率已经降到了历史性的低点。依据世界银行的研究报告，很多国家在相关产业成长到具有足够竞争力的时候就会降低他们的关税和非关税壁垒。理论上，一个产业处于起步期的时候有时需要法律对其进行短期的保护，一旦这个产业已经成熟并强大起来，应用关税保护的法律就会被取消。当国内的产业或者就业受到越来越全球化所带来的国际贸易不平衡的冲击伤害的时候，采取临时性的保护措施，例如反倾销、反补贴等是很有必要的。

反倾销争端解决体系（DRS）是 WTO 法律体系的核心。各国政府都知道，案件一旦启动就会面临复杂的法律程序和昂贵的花费，特别是当需要进入到专家委员会和上诉法庭裁决的时候。对很多发达国家来说，这些裁决所涉及的法律也许是最基本的有限法律条文，但是他们需要面对的将是全球结构的不平衡。很多欠发达国家既没有运用贸易争端解决系统成功的经验，也没有利用其在本国市场价格受到冲击时短期调剂资源分配的能力，更为糟糕的是他们自身的法律既缺乏创新又特别保守，他们甚至不能够理解 WTO 规则的法律体系，而仅仅能够依据国际法中关于海关的有关规定做出简单的判断。因此，很多小国家在反倾销争端解决体系中很难取得案件的胜利。

六、反倾销诉讼程序：法规驾驭下的公共法律裁决

传统经济学家对 WTO 规则中关于反倾销条款的批评主要是关于就业率标准的界定。因为没有一个清晰的界定标准，在反倾销案件的调查过程中，收集和听取就业是否受到伤害的证据就显得非常重要了，它能够帮助建立制定具体的限制条款，确定征收反倾销关税的税率。WTO 法规给出了清

晰的范围规定，各国政府必须在此范围内运行。逐步操作，既复杂又很有技术含量，特别要依赖相关行业专家、政府以及劳动者之间的通力合作。主要条款如下：

条款 2.4：建立与商品正常价值相适应的出口价格

条款 3.1：在检验进口倾销价格时考虑对国内产品及其生产者的影响

条款 3.4：在做出倾销决策时要考虑到与之相关的各种经济因素

条款 5.2：倾销和伤害的证据都要在起诉书中写明

条款 5.8：在缺乏证据时立即停止反倾销调查

条款 6.2：为有关利益各方提供贯穿全过程的充分辩护的机会

条款 6.4：为有关利益各方提供及时看到信息的机会

条款 6.8：最终的决策是建立在有效的证据之上

条款 12.2：有关利益各方应向公众公告重大事实证据

这对反倾销案件所有参与者都是一个最起码的要求，法律运行的本质是在确定伤害程度和公平市场价格之间寻找更多的证据，并且这些方法已经很纯熟，问题是很多国家的相关法律和程序需要规范。

七、限制一个站不住脚的法律过程：WTO 反倾销法律的不足

每一个法律都不是运行在真空中，都有其缺陷。WTO 反倾销法律最大的缺陷是各国在执行上的巨大差异和巨大回旋空间。很多国家发行了多种关于反倾销法律解释的文本，美国和欧盟就用截然不同的方法计算出口产品在国内市场的价格，这就会导致在确定倾销幅度上产生差异。WTO 东京回合谈判规范了上述的有关因素。美国商务部曾经试图用他们自认为最先进的方法去规范各国的审查标准，但是，彼得斯曼（Petersmann）认为其“在利用反倾销法律使贸易保护主义合法化”[8]。在美国的政治体系中没有选民去支持改革现实的法律状况——反倾销战争也扮演着重要的政治角色，而如果没有美国在谈判桌前的支持，并愿意放弃巨大的利益，要想获得根本改变是不可能的。更为复杂的是，很难有确凿的证据证明相关产业是否在从事掠夺性倾销战略，因为反倾销规则都有利于发起国一方或者本国的相关产业和公司。因为在非正常的经济竞争时期，企业可以在国内市场把产品价格降到成本以下销售，但是外国公司却不可以这样做。

德普（Drope）和汉森（Hansen）有一个重要发现，当一个国家积极使用反倾销法律的时候，它也会受到同等的报复，这才是导致反倾销案件数量大爆

发的原因,这就是贸易政治。当你不能改变现有游戏规则的时候,对那些将要成为别人反倾销靶子的行业,最好的办法就是让他们充当反倾销的积极分子,在自己国家首先发起反倾销诉讼。2006年,使用反倾销法律最多的10个国家中,三分之二案件的发起方在本国法院取得了胜利。只有墨西哥和澳大利亚情况稍微不同,澳大利亚只有25%的案子获得了支持,而墨西哥有90%的案子取得了胜利,这就是为什么最大的出口商往往利用反倾销来缓解进口的压力。

八、加强规则的选择

过去40年中,随着肯尼迪、东京和乌拉圭回合谈判的进行,关税逐步降低,但同时伴随着的是反倾销案件的急剧增长。随着关税降低,反倾销成为打破市场准入进行贸易救济的重要工具,它在国家税收政策、科技投资项目、区域发展战略、平缓失业率、纠正不公平竞争的市场行为等方面都是很好的经济法律工具。反倾销贸易法是既可以作为剑又可以作为盾的经济调节工具,已经从欧美发达资本主义国家传向南方世界的发展中国家。在自由贸易时代外部因素已经深刻影响到不同经济体的国际竞争力,世界各国都把反倾销法律作为面临不平衡和风险时的一个调节战略。同时,由于汇率的不稳定,跨国公司需要进行全球资源分配、实施生产本土化战略,这些都要求各国政府具备一定的前瞻性。

WTO的基本原则使得贸易保护主义变得合法化,东京和新加坡回合谈判仍然试图收紧相关法律,使得在判定贸易伤害以及掠夺性价格的时候做到更加透明,应用更好的计算方法,这都需要当事国在反倾销领域的更多合作。是应该对反倾销规则进行大规模改革的时候了,南方世界国家在多哈回合谈判中试图在本国市场价格受到冲击时通过征收关税等保护措施保护自己的利益,印度是反对华盛顿的代表国,但显然南方国家没有获得这样的权力。

“美国的商业政策是持续的歧视穷国和穷人”。金柏莉·伊利亚特(Kimberly Elliot)发现,“最大的关税降低是在农产品和劳动密集型行业”[9],这些在新兴经济体国家具有更高的竞争力。他们面对的平均关税是13%。从服装到糖、花生、烟草和奶制品,严格的原产地规则限制着南方国家的这些产品进入美国市场。

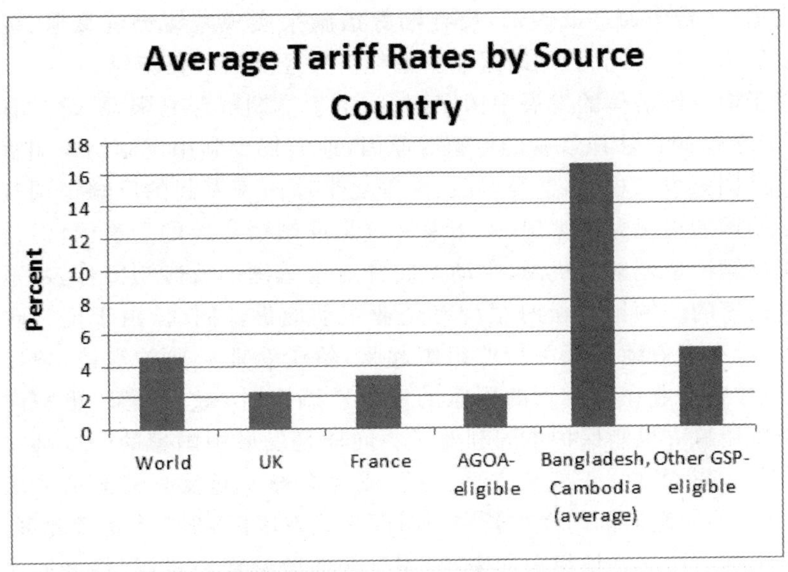

资料来源：Kimberly Elliot 2009

图 3 资源型国家的平均关税税率

九、结论

贸易政策不可避免地会受到政治的扭曲。经济学家和贸易方面的律师们常常戏称反倾销规则就像索具，但是各国政府在廉价商品充斥本国市场的时候却要继续依靠这些政策性文件来保护就业和相关产业。相较十年前，贸易已经使得国与国之间联系更加紧密，全球化趋势更加明显。为了促进贸易增长对经济的贡献，使得本国在竞争以及新的经济均衡中脱颖而出，必须促使各国政府在开放市场的同时又要加强管理。他们拿到 WTO 解决的贸易争端案件数量会很小，反倾销、反补贴以及关税措施依然是他们解决贸易争端的选项。而且，国际贸易组织变得更具有政治特性。他们仍然会开展掠夺性倾销的调查，在自己国家法院判决以前，有时也会把案件起诉到反倾销争端解决机制。

贸易具有一定的政治特性，每个国家都希望通过具有竞争优势的行业出口来扩大全球市场份额，同时为了保护本国内的相关产业和就业机会而限制低价格的商品进口。在这场游戏中，各国政府都想成为赢家，贸易本身是一个长期、持续和需求导向的过程，美国、欧盟和加拿大等北方工业国，在经济衰退时，希望通过反倾销、反补贴等措施来实现减缓经济衰退、缓解国内失业压力等经济问题，同时遏制新型经济体经济的增长步伐。

对于南方经济体的发展中国家而言，由于早期资源有限，缺乏具有精通WTO有关反倾销法律规则的专家等原因，他们很少利用反倾销争端解决机制为自己国家争取权益，甚至对欧、美等北半球国家发起的反倾销调查放弃应诉。中国的情况尤为突出，多年来一直是反倾销最大的受害国，但是却很少利用反倾销争端解决机制，主动发起针对第三国的反倾销案件，甚至在面对别的国家的反倾销诉讼时很少有企业主动应诉。同时，由于国家政府的不作为，没有有效地把相关行业组织起来，给予企业必要的支持、辅导和帮助，从而导致企业在面对别的国家的反倾销调查时，毫无对策，更别说利用反倾销争端解决机制保护本国利益了。同样是发展中国家的印度则完全相反，在 1995 年 WTO 正式建立后，一跃成为全球发起反倾销案例最多的国家，虽然他们的政府部门在很长一段时间里只有区区 13 个人负责此事，但他们把全国的企业很好地组织起来，利用反倾销争端解决机制，很好地保护了本国的经济和贸易。

中国政府应当以印度、美国为榜样，投入资金和人力，研究和掌握 WTO 所有规则；组建专门的机构，处理和应对反倾销争端案件，特别是反倾销、反补贴案件；在国内相关产业和就业市场受到伤害时主动发起反倾销调查；培训和鼓励企业积极应对反倾销案件，在税收、资金和人力、政策等方面给予支持；在大学、研究机构开设 WTO 规则课程，特别是反倾销、反补贴方面的专门课程或者专业，培养专业人才，充实到企业中去，提高企业应对国际争端的整体水平；同时，在科研院所鼓励开展反倾销、反补贴专业课题研究（现在我国很多所谓的专家认为 WTO 方面的课题过时了，相较每年我国在这方面的损失，一点科研经费真的微不足道），选派专家型人才到国外相关机构进行课题合作、培训、锻炼等，为国家储备高端人才。

当然，反倾销争端解决机制只是一种权宜之计，甚至是在艰难的时刻进行适度剂量的贸易保护主义，是在全球经济增长放缓趋势下的一个适当的回应。在全球化趋势愈演愈烈的背景下，依然鼓励贸易自由化，各国政府和企业应该开展产业升级和调整，发展本国优势产业，开展公平贸易，提高全社会福利。

参考文献

[1] TOMER BROUDE. An Anti—dumping “To Be or Not To Be” in Five Acts：A New Agenda for Research and Reform[J]. Journal of World Trade，2003，37(2)：305—328.

[2] JACOB VINER. Dumping：A Problem in International Trade[M]. A. M. Kelley，1991.

[3] NG MANKIW，PL SWAGEL. Antidumping：The Third Rail of Trade Policy [J]. Foreign Affaris，2005，84(4)：107—119.

[4] World Trade Organization Annual Report 2012[EB/OL]. https://wto. org/english/res_e/booksp_e/anrep_e/anrep12_e. pdf.

[5]DAN CIURIAK. Anti-dumping at 100 Years and Counting：A Canadian Perspective[J]. The World Economy，2004：641—649.

[6] MIRANDA，JORGE，RAUL A. TORRES，MARIO RUIZ. The International Use of Anti—dumping：1987—1997[J]. Journal of World Trade vol：32，no：5，pp. 5—71.

[7] JEFFREY M. DROPE1，WENDY L. HANSEN. Anti—dumping's Happy Birthday? [J]. World Economy，2006，29(4)：459—473.

[8] J BOURGEOIS. WTO dispute settlement in the field of anti—dumping law [J]. Jouranal of International Economic Law，1988，1(2)：259—276.

第三章　WTO规则下的不公平贸易战
——WTO成立20周年之全球反倾销案件分析及中国的策略选择

本章导读：随着国际贸易竞争的加剧，各国对反倾销策略这种极具争议的政策工具的使用也越来越多。本章运用WTO公布的最新数据，分析了1995—2014年20年间的全球反倾销案件；研究了美国、欧盟、印度和中国四个主要经济体反倾销的发起和应诉情况；重点分析了中美两国反倾销策略的博弈；同时，从政府和企业两个层面，为中国提出了反倾销的策略建议。无论政府还是企业都需要重视国际贸易中的反倾销案件，积极应诉，培训和培养自己的反倾销专家，用好反倾销策略政策工具，合法地保护本国企业、劳动力就业和经济发展。

反倾销是一项相当有争议的公共政策工具，因为其损害了消费者的利益，并且催生了一个由国家控制的竞赛场。从政治经济学的角度来看，不公平的贸易行为对相关产业造成了损害，并且倾销产品对工人就业产生了威胁。在一个国际竞争异常激烈的时代，许多国家越来越依赖于反倾销这一贸易政策工具也就不是什么新鲜事了。久而久之，在一个全球化的世界中，当出口部门成为国家经济增长战略的关键部门时，反倾销便成为首选策略，用来应对掠夺性定价和其他以不公平手段进入海外出口市场的国家战略。自1995年以来，反倾销案件大爆发，按照世界贸易组织（WTO）统计，1995—2014年的20年间，各国发起的反倾销案件总数为4757例[1]，与在此之前20年之中的不到400例形成了鲜明对比。越来越多的国家趋向于不仅将世贸组织的争端解决机制作为一项首要的法律工具，而且诉诸其国家层面的调查性贸易裁决机构，以其自己的标准和法院审理规程进行裁决。

一、反倾销：贸易多边主义的显著特征

倾销（Dumping）是一种价格歧视，是指将一国产品以低于正常价格的办

法挤入另一国市场竞销。反倾销(Anti-Dumping)则是指对外国商品在本国市场上的倾销所采取的抵制措施,它是对抗不平等贸易的一种办法。虽然反倾销并非完全合理,但这种贸易保护主义的法律形式却被 WTO 所保护。在加拿大、美国、澳大利亚等许多国家,反倾销法已有 100 多年的历史。但是,反倾销法是对消费者不利、不公平的,反倾销法具有"负面的"全球效应[2]。雅各布·维纳(Jacob Viner,1923)在他的专著《倾销:国际贸易中的一个问题》一书中,以及布朗德·扎马尔(Brounde Tomer,2003)发表在《世界贸易杂志》的文章都持有这样的观点。

1947 年,关贸总协定(GATT)第 6 条首次针对倾销与反倾销制定了一项国际条款,此条款在此后国际贸易争端的解决中具有显著的重要地位,它赋予了遭受贸易损害的国家保护本国就业和产业,对以低于生产成本的价格倾销到本国的商品征收超额关税的权力。有证据证明存在"不正常的暂时低价"时,征收反倾销税是合法的,这已是一个被所有 WTO 成员方所接受的法律准则。

损害的法律认定有其复杂的法律标准和程序。成员方在证明倾销存在、损害存在、倾销与损害之间的因果关系存在时,都需遵从 WTO 的法规及其实体规范。尽管在 WTO 规则中,对于价格歧视和国际垄断的界定依然模棱两可,但并未减少各国政府对使用这一有力贸易救济措施的欲望,反而纷纷使用这些规则降低倾销等对本国产业和就业的不良影响。理论上,反倾销法应该平衡外国出口商和本国进口商的利益,但是从国际竞争来看,诉讼程序无法达到这么高的标准。政府对企图获取垄断利益的外国企业的倾销行为非常关注,曼丘(Mankiw)和施瓦格(Swagell)在其发表在《外交事务》上的文章中,将反倾销称为"贸易政策第三轨",政客们因为担心会招致选民反感而不敢使用反倾销政策,而那些使用了反倾销政策的政客则常常招致愤怒的消费者和选民的指责[3]。

反倾销是一项颇具争议的政策工具,学界对它的研究也从未停止过。美国迈阿密大学教授杰弗里·德普(Jeffrey Drope)和温迪·汉森(Wendy Hansen)的《反倾销百岁生日快乐》、世界银行的查得·布朗(Chad Bown,2010)的《1990—2009 年反倾销、救济措施和反补贴》等文章,以及其他大量的文献都对过去几十年或反倾销法诞生百年来的法律体系演进以及反倾销案件的类型、特点进行过系统的分析研究。中国学者李淑贞(2013)的《中国反倾销的贸易保护效应:基于产品进口倾向性的比较研究》,对外经济贸易大学兰磊(2014)的《反倾销制度的福利效果实证考察》,诸多文献资料都对反倾销法律体系和案例进行过系统的研究，提出过一些现实的指导建议。但这些努力并没有阻止1995 年 WTO 成立后的 20 年里反倾销案件的大爆发，以及中国成为遭受反倾销伤害最大、持续时间最久的国家。鉴于此，对这 20 年里反倾销案件的对比研究，并为中国提出反倾销策略建议就显得尤为重要。

二、全球反倾销案件数据分析

随着全球多边贸易的发展，各国政府出于保护本国利益等原因，频繁发起反倾销调查，发达国家之间、发达国家和发展中国家之间、发展中国家之间都爆发了大规模的反倾销案件，这些反倾销案件又集中在几个主要的商品种类。

(一) 全球反倾销案件频发

根据 WTO 公布的统计资料，过去 20 年所有的反倾销诉讼案件中，60％的诉讼由政府发起，且对反倾销案件总数中 64.3％(3058 例)的案件裁定实施了最终反倾销措施。从图 1 可以更直观地看出在此期间的反倾销案件发起数及最终实施反倾销措施案件数的总体发展趋势。虽然在此期间，两组数据有升有降，但总体而言，反倾销案件呈频发趋势。

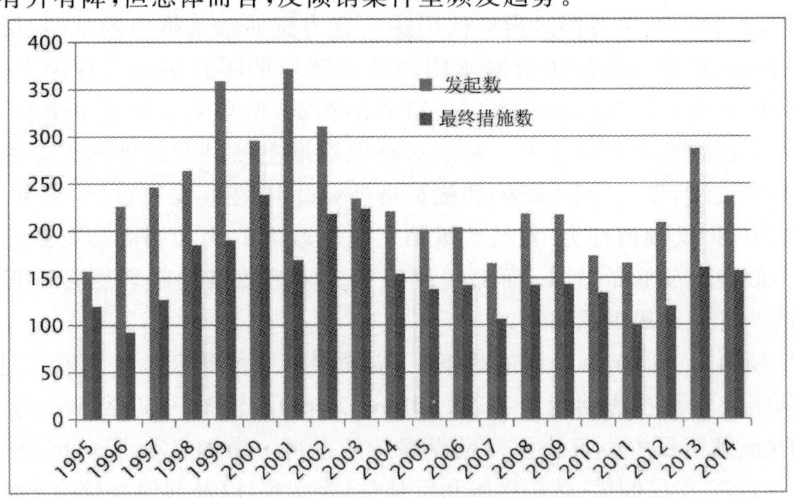

注释①②

数据来源：根据 WTO Secretariat Rules division 2014 年数据库计算绘制。

数据地址：https://www.wto.org/english/tratop_e/adp_e/adp_e.htm。

图 1　1995—2014 年反倾销案件的发起数和实施了最终措施的案件数

（二）全球反倾销案件频发的原因

无论是发达国家，还是新兴市场的发展中国家，其发起反倾销诉讼均是出于自身利益的考虑。反倾销政策反映出了 WTO 法律的缺陷，WTO 应为发展中国家建立一个更加灵活易用的争端解决机制[4]。但是 70%的 WTO 成员方从未对拥有更好的争端解决机制的国家发起过反倾销诉讼。同时，绝大多数 WTO 成员方既没有专业人才，也没有足够的资源来发起诉讼。德普（Drope）和汉森（Hansen，2006）等认为，反倾销措施与国家范围内的新社会势力的强弱有关，它是世界贸易系统结构转型的产物，在这场激烈的角逐中，很多国家已败下阵来[5]。在这些相互矛盾的理论中，如果只有一种观点成立的话，那就是反倾销关税和其他措施赋予了国家的法律强制力，使得国家在国际贸易规则管理中一直扮演着十分重要的角色。2008 年的全球金融危机之后，这一角色也变得越来越重要，当进口出了问题时，政府就应用反倾销措施来保护本国就业和经济。

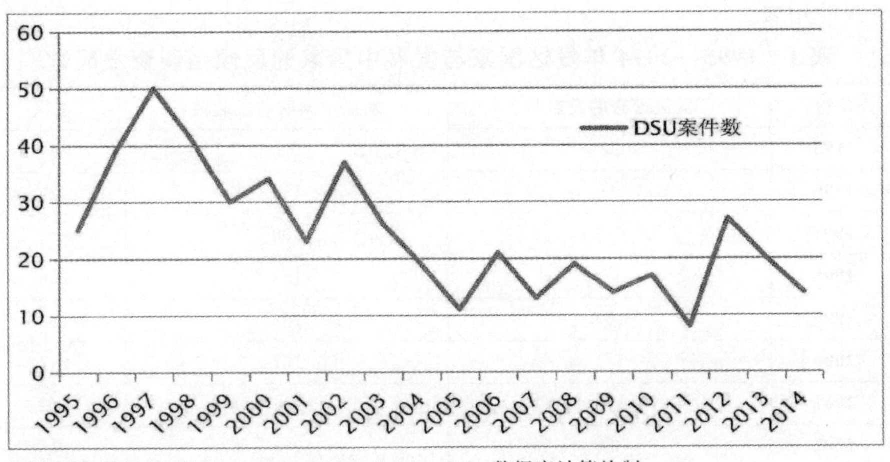

数据来源：根据 WTO Secretariat Rules division 2014 数据库计算绘制。

网址：https://www.wto.org/english/tratop_e/dispu_e/find_dispu_cases_e.htm?year=any&subject=none&agreement=none&member1=none&member2=none&complainant1=true&complainant2=true&respondent1=true&respondent2=true&thirdparty1=false&thirdparty2=false#results

图 2 1995—2014 年 WTO 受理贸易争端案件数的变化趋势图

2008 年以来，很多国家已把反倾销和反补贴当作经济紧缩时的贸易政策选择，但却很少诉诸 WTO 争端解决机制（DSU）。WTO 成立后，虽然反倾销案件频发，但同一时期内，只有 488 例贸易争端案件被呈送到更高级别的WTO争端解决机制寻求仲裁。WTO仲裁案件数目从1997年起呈下降趋势,1997年为50例,1999年为30例,2003年为28例,2005年为12例,2011年只有8例,为WTO历史最低。2012年起经历了短暂的上升后又开始下降,即2012、2013和2014年的立案数分别为27、20和14例。这些数字说明,越是到了全球经济动荡时期,各国政府越是喜欢通过反倾销和反补贴等措施保护本国经济和就业,而不是诉诸国际贸易组织的争端解决机制。

(三)反倾销的发起国和目标国:发达国家与发展中国家比较

1.反倾销发起国:发展中国家逐步超越发达国家。

1995年以前,大多数反倾销案件都是由发达国家发起的,发展中国家几乎从未发起过反倾销调查,发达国家是反倾销策略和政策的唯一使用者,尤其是美国和欧盟,它们使用的反倾销策略最多(杨励、张宇翔,2013)[6]。但是1995年以后,情况则发生了巨大的变化,发展中国家发起的反倾销案件数逐步赶上甚至超越发达国家,印度、南非、阿根廷等国成为反倾销策略的最活跃使用者。

表1　1995—2014年发达国家与发展中国家的反倾销调查发起数

年份	发达国家的发起数	发展中国家的发起数	总量
1995	82	75	157
1996	92	134	226
1997	138	108	246
1998	98	168	266
1999	166	192	358
2000	131	167	298
2001	168	204	372
2002	87	228	315
2003	92	142	234
2004	59	135	194
2005	52	149	201
2006	74	130	204
2007	65	100	165
2008	50	163	213

（续表）

年份	发达国家的发起数	发展中国家的发起数	总量
2009	57	152	209
2010	39	132	171
2011	55	100	155
2012	63	145	208
2013	96	191	287
2014	76	160	236
总计	1740	2975	4715

注释：③

数据来源：根据 WTO Secretariat Rules division 2014 年数据库计算所得。

数据地址：https://www.wto.org/english/tratop_e/adp_e/adp_e.htm。

表 1 反映了 1995—2014 年之间的 20 年全球反倾销调查的趋势。虽然每年的反倾销发起数都会有较大的波动，但我们仍能得出以下结论：(1)20 世纪 90 年代后期到 2001 年，各国对反倾销法律武器的使用急剧增加，由 1995 年的 157 例上升到 2001 年的 372 例；(2)2001 年以前，发达国家和发展中国家所发起的反倾销案件数大致相当；(3)从 2002 年起，发展中国家对反倾销策略的使用远超发达国家，甚至是发达国家使用反倾销频率的两倍还多。由此说明，发展中国家对反倾销这一法律武器的使用正在逐步成熟，他们由起初的不熟悉，到现在的越来越频繁地使用这一武器保卫本国经济和就业。

2. 反倾销的目标国：起初主要针对发达国家，后来针对发展中国家 。

表 2 显示了过去 20 年全球反倾销目标国的变化趋势，这一数字与反倾销发起数有较大差距：(1)20 世纪 90 年代后期，随着国际竞争的加强，虽然对反倾销的使用频率大幅增加，但发达国家与发展中国家遭受的反倾销调查数据却大致相等；(2)2000 年以后，相对于发达国家，发展中国家的被调查案件数显著增加，甚至是发达国家的两倍还多；(3)结合表 1 可知，发展中国家针对其他发展中国家发起的反倾销调查，即发展中国家内部之间发起的反倾销调查，比发展中国家针对发达国家发起的调查数量要多。通过表 3、表 4 就可以看出。

表 2　1995—2014 年发达国家和发展中国家作为反倾销目标国被调查的数据分析

年份	发达国家的被调查数	发展中国家的被调查数	总量
1995	78	79	157
1996	99	137	236
1997	140	106	246
1998	137	129	266
1999	169	189	358
2000	124	174	298
2001	165	217	382
2002	125	190	315
2003	108	126	234
2004	95	125	220
2005	60	141	201
2006	64	140	204
2007	51	114	165
2008	58	155	213
2009	64	143	207
2010	70	101	171
2011	55	100	155
2012	78	130	208
2013	111	176	287
2014	85	151	236
总计	1936	2823	4759

数据来源：根据 WTO Secretariat Rules division 2014 年数据库计算所得。

数据地址：https://www.wto.org/english/tratop_e/adp_e/adp_e.htm。

3. 两种国家反倾销发起数和作为目标国被调查数的对比研究

表 3 和表 4 说明：(1)发展中国家作为反倾销发起国和目标国的数量分别是发达国家的近两倍；(2)在发达国家发起的 1779 例反倾销案件中，40%(707/1779)是针对其他发达国家的，60%(1072/1779)是针对发展中国家的；(3)在发展中国家发起的 2978 起反倾销案件中，32.7%(973/2978)是针对发达国家的，而另外 67.3%(2005/2978)则针对其他发展中国家。

表 3　1995—2014 年两种国家作为反倾销发起国和目标国涉案数据对比

份额	发达国家	发展中国家	总计
发起国	37.4%(1779)	62.6%(2978)	100%(4757)

数据来源：根据 WTO Secretariat Rules division 2014 年数据库计算所得。

数据地址：https://www.wto.org/english/tratop_e/adp_e/adp_e.htm。

表 4　1995—2014 年两种国家作为反倾销发起国和目标国的占比分析

		目标国		
		发达国家	发展中国家	总计
发起国	发达国家	40%(707/1779)	60%(1072/1779)	37.4%(1779/4757)
	发展中国家	32.7%(973/2978)	67.3%(2005/2978)	62.6%(2978/4757)
	总计	35.3%(1680/4757)	64.7%(3077/4757)	100%(4757)

数据来源：根据 WTO Secretariat Rules division 2014 年数据库计算所得。

数据地址：https://www.wto.org/english/tratop_e/adp_e/adp_e.htm

透过上述分析可知，由于反倾销法律规则起初是由美国、欧盟、加拿大等西方发达国家最早主导制定和使用，所以发达国家依靠其对规则的熟悉，频繁地使用反倾销武器保护本国经济和就业；而且发展中国家由于其劳动力、土地等资源成本较低，在商品出口到发达国家市场时更容易遭受发达国家反倾销案件的伤害。由于发展中国家越来越熟悉反倾销等国际贸易规则和武器，他们也越来越多地使用反倾销策略保护本国经济和就业，他们的反倾销案件不仅针对发达国家，更多的是在发展中国家内部使用。同时，也由于发展中国家产品生产成本相对较低，而其自身市场规模有限，直接导致发展中国家除了遭受更多发达国家的反倾销诉讼外，还要遭受更多其他发展中国家的反倾销诉讼。相反，发达国家之间的反倾销案件数却显著下降。这完全符合国际经济发展的基本规律。

(四)反倾销最终措施的实施情况及所属商品类别

反倾销案件的实施率是用一年内实施了最终反倾销措施的案件数除以该年发起的反倾销调查案件总数。它代表一个案件实施最终反倾销措施(包括反倾销税和实施价格承诺)的概率。通常情况下，从反倾销的发起到最终反倾销措施的实施大约有一年的滞后期。

1. 最终实施反倾销措施的案件数及比率

如表 5 所示，WTO 成立的 20 年当中，反倾销案件的最终实施率平均为 64.3%。在美国、欧盟、印度和中国四个全球主要经济体中，中国的该比率高于世界平均数，高达72.2%。美国的实施率相对较低，为60.9%。这大概是因为当面临起诉时，中国的公司由于对国际贸易规则的不熟悉、语言因素、应诉花费大量的财力及人力等因素，而很少愿意花时间和资源去为自己辩护。当然，这与缺乏政府强有力的支持也有很大关系。与此同时，美国企业大多能够积极应诉，这是因为几乎没有哪个国家愿意和美国打贸易战[7]。

表5 1995—2014年反倾销最终措施的实施情况

目标国	实施最终措施的案件数	作为目标国被调查数	最终措施实施率
总计	3058	4757	64.3%
中国	759	1052	72.2%
印度	109	192	56.8%
美国	162	266	60.9%
欧盟	74	108	68.5%

数据来源：根据 WTO Secretariat Rules division 2014 年数据库计算所得。

数据地址：https://www.wto.org/english/tratop_e/adp_e/adp_e.htm

2.反倾销案件的前十大商品类别

此处的商品类别均指HS商品类别，表6列出了1995—2014年前十类遭遇反倾销商品的被调查数，以及该类商品在总的反倾销调查案件中的百分比情况。

表6 1995—2014年前十类遭遇反倾销商品的被调查数

排名	商品类别及商品名称	被调查数	在所有商品中的占比
1	XV一贱金属及其制品	1379	29.00%
2	VI一化学品及其相关产品	965	20.30%
3	VII一树脂、塑料及其制品，橡胶及其产品	635	13.30%
4	XVI一机械和电气设备	408	8.60%
5	XI一纺织品及其制品	346	7.30%
6	X一纸、纸板及其制品	229	4.80%
7	XIII一石、石膏、陶瓷、玻璃及其制品	194	4.10%
8	IX一木、软木及其制品	98	2.10%
9	XX一杂项制品	92	1.90%
10	V一矿产品	76	1.60%
前十名总数		4422	93.00%
所有商品总数		4757	100%

数据来源：根据 WTO Secretariat Rules division 2014 年数据库计算所得。

数据地址：https://www.wto.org/english/tratop_e/adp_e/adp_e.htm

表 7 列出了 1995—2014 年实施了反倾销最终措施的前十类商品的案件数，以及其相应类别商品在所有反倾销措施中所占百分比的情况。

表 7 1995—2014 年实施了反倾销最终措施的前十类商品的案件数

排名	商品类别及名称	实施最终措施案件数	在所有商品中的占比
1	XV一贱金属及其制品	918	30%
2	VI一化学品及其相关产品	640	20.9%
3	VII一树脂、塑料及其制品，橡胶及其产品	390	12.8%
4	XI一纺织品及其制品	253	8.3%
5	XVI一机械和电气设备	252	8.2%
6	X一纸、纸板及其制品	126	4.1%
7	ⅩⅢ一石、石膏、陶瓷、玻璃及其制品	123	4%
8	XX一杂项制品	64	2.1%
9	IX一木、软木及其制品	51	1.6%
10	V一矿产品	50	1.7%
前十名总数	总计	2867	93.8%
所有商品总数		3058	100%

数据来源：根据 WTO Secretariat Rules division 2014 年数据库计算所得。

数据地址：https://www.wto.org/english/tratop_e/adp_e/adp_e.htm

总的来看：(1)排名前十的产品类别分别占了发起反倾销调查案件数和实施最终反倾销措施案件数的 93% 和 93.8%；(2)被发起的反倾销调查的前十类商品和实施了最终反倾销措施的前十类商品基本一致，均包含：贱金属及其制品；化学品及其相关产品；树脂、塑料及其制品，橡胶及其产品；纸、纸板及其制品；石、石膏、陶瓷、玻璃及它们的制品等。只是，XVI一机械和电气设备的反倾销调查数 408 例多于 XI一纺织品及其制品的 346 例，而后者所遭受的最终反倾销措施却多于前者 1 例；XX一杂项制品、V一矿产品、IX一木、软木及其制品等三类商品的顺序上也略有差异：IX一木、软木及其制品的被反倾销调查案件数达到 98 例，高于另外两类，而其被最终实施反倾销措施数却只有 51 例，低于 XX一杂项制品的 64 例；(3)大多数案件都发生在资源密集型和科技型类别中。在资源密集型商品类别中，贱金属是被发起反倾销调查最多的商品类别，因为钢铁业的反倾销案件发生率较高；(4)在科技型类别中，化学、树脂、塑料制品及橡胶产品占比较高。

对于为什么这些商品类别会成为反倾销诉讼高发区，米兰达（Miranda，1998）等人认为，全球的钢铁市场、贱金属市场和塑料市场是有周期的，在周期的谷底期，这些市场的企业可能会将价格定到成本之下；而在经济下滑期，进口国的本国企业则会用反倾销法来保护自己。由于实质性损害在这一时期比较容易找到，本国企业往往会很快发起反倾销诉讼[8]。

反倾销策略的应用，可以有效地保护本国的经济和就业，却可能给出口国和相关行业的生产进步带来损害，也不利于全球化自由贸易的发展和经济技术的进步，甚至对本国人民享受低廉商品的社会福利造成伤害。通过上述对不同经济体之间反倾销案件数、最终反倾销措施数、遭受反倾销案件最多的十大商品类别的研究，可以为各国政府在制定反倾销策略时提供有效的帮助和指导。

三、主要经济体及中美之间的反倾销案件分析

在研究与反倾销有关的主要经济体时，笔者选择了美国、欧盟、中国和印度这四个具有代表性的经济体。同时，又特别对中美之间的反倾销实例加以比较分析，为中国政府和企业制定反倾销策略提供借鉴。

（一）四个主要经济体的反倾销发起数

表 8 显示了 1995—2014 年，四个主要经济体的反倾销发起数，他们也是在此期间全球发起反倾销案件最多的四个经济体。

表 8　1995—2014 年美国、欧盟、中国和印度发起反倾销案件的数量统计

年份	美国	欧盟	中国	印度
1995	14	33	—	6
1996	22	25	—	21
1997	15	41	—	13
1998	36	22	3	28
1999	47	65	2	64
2000	47	32	11	41
2001	77	28	14	79
2002	35	20	30	81
2003	37	7	22	46
2004	26	30	27	21

（续表）

年份	美国	欧盟	中国	印度
2005	12	24	24	28
2006	8	35	10	35
2007	28	9	4	47
2008	16	19	14	55
2009	20	15	17	31
2010	3	15	8	41
2011	15	17	5	19
2012	11	13	9	21
2013	39	4	11	29
2014	19	14	7	38
总数	527	468	218	744

数据来源：根据 WTO Secretariat Rules division 2014 年数据库计算所得。

数据地址：https://www.wto.org/english/tratop_e/adp_e/adp_e.htm

通过表 8 中的数据可知：(1)20 世纪 90 年代后期，四个经济体的反倾销发起数急剧增加，尤其是印度和美国这两个国家，而中国自 1998 年才刚刚开始使用反倾销的法律手段；(2)2000 年到 2010 年，美国和欧盟的反倾销发起数总体趋势都有所减少；2011 年后，除了欧盟，其他三方的反倾销发起数又有所增加，这可能与 2008 年全球金融危机后各国政府都加强了对本国经济和就业的保护有关；(3)印度一直是最频繁使用反倾销政策的国家，20 年中发起了 744 例反倾销调查案件，比中国的三倍还多；(4)中国共发起反倾销调查 218 例，平均每年不到 11 例，而美国和印度平均每年的发起数分别达到了 26.4 例和 37.2 例；(5)中国对反倾销法律的使用，并不因为最近对规则的熟悉而逐年增加，而是相对平均，且是四个经济体中最少的。

（二）四个经济体作为目标国被发起反倾销调查的案件数

图 3 更直观地反映了 1995—2014 年美国、欧盟、印度和中国作为目标国被发起反倾销调查案件的数据。可以看出，美国也是遭受反倾销调查较多的国家，而中国所遭受的反倾销调查案件数远多于其他三国，下面的表 9 也说明了这一点。欧盟每年都是最少遭受反倾销调查的国家，这可能与其出口的商品价格普遍相对较高、在国内的生产成本高于其他三国有关。

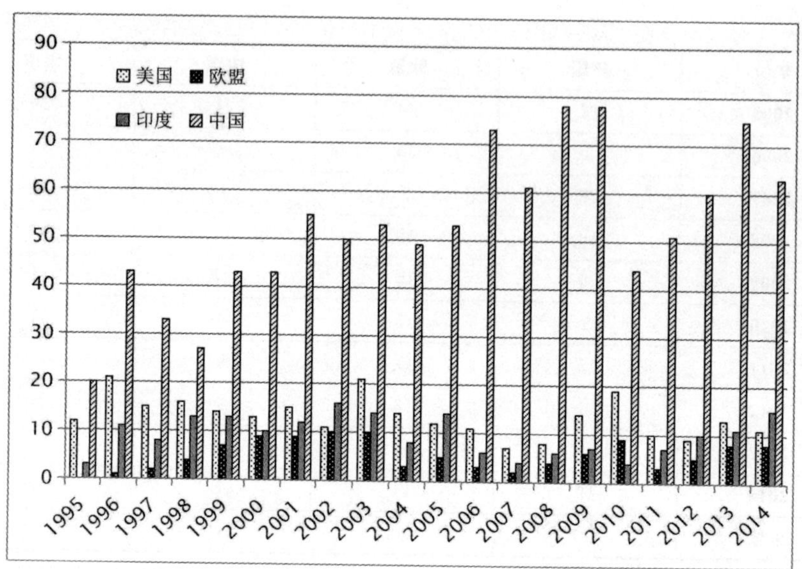

数据来源：根据 WTO Secretariat Rules division 2014 年数据库计算绘制。

数据地址：https://www.wto.org/english/tratop_e/adp_e/adp_c.htm

图 3　1995—2014 年四个经济体作为反倾销目标国的数据对比图

表 9　1995—2014 年四个经济体的反倾销发起数和作为目标国案件数及比例

	作为发起国 数量及占全球总数百分比	作为目标国 数量及占全球总数百分比
美国	527（11.1%）	266（5.6%）
欧盟	468（9.8%）	108（2.3%）
中国	218（4.6%）	1052(22.10%)
印度	744（15.6%）	192（4.0%）
小计(四个经济体)	2149（45.2%）	1659（34.9%）
全球总计	4757(100%)	4757(100%)

数据来源：根据 WTO Secretariat Rules division 2014 年数据库计算所得。

数据地址：https://www.wto.org/english/tratop_e/adp_e/adp_e.htm

表 9 说明：(1)中国遭受的反倾销调查案件数最多，占到了全球案件总数的近四分之一，比美国、欧盟和印度遭受的反倾销调查案件总数还要多，而欧盟则遭受了最少的反倾销调查；(2)虽然美国、欧盟、印度发起的大多数反倾销

调查案件都是针对中国的，但是由中国发起的针对它们的反倾销案件却很少；(3)同为亚洲国家，印度虽是最频繁使用反倾销调查案件的国家，却几乎很少被其他国家作为反倾销调查的目标国，这可能与其同期出口数据较少有关；(4)美国被发起反倾销调查的数量略高于印度，却明显地低于中国。

透过上述分析，印度、美国等应克制对反倾销策略的使用，防止因滥用反倾销规则而伤害自由贸易和经济的发展，进而阻碍本国人民社会福利的提高；中国应加强对反倾销策略的使用，更好地保护本国经济和就业，指导本国企业积极应对反倾销案件。

（三）四个经济体之间互相发起反倾销调查的数量统计

表 10　1995—2014 年四个主要经济体之间反倾销案件数据对比

		目标国				占该国发起数(%)
		中国	美国	欧盟	印度	
发起国	中国		40	24	7	32.6%(71/218)
	美国	124		0	26	28.5%(150/527)
	欧盟	119	16		36	36.5%(171/468)
	印度	169	39	57		35.8%(265/740)
占该国遭受案件总数百分比		39.2% 412/1052	35.7% 95/266	75% 81/108	42.6% 69/192	

注释④

数据来源：根据 WTO Secretariat Rules division 2014 年数据库计算所得。

数据地址：https://www.wto.org/english/tratop_e/adp_e/adp_e.htm。

表 10 显示了四个贸易大国之间的反倾销数据的动态变化。值得注意的是：(1)无论美国、欧盟还是印度，他们针对中国所发起的反倾销案件都超过了 110 例，且三国之和接近中国遭受反倾销调查总数的 40%，说明他们更多地针对中国商品使用反倾销法律武器；(2)中国针对其他三国所发起的反倾销调查数都不超过 40 例，且总数仅占其发起数的 32.6%，说明中国并没有针锋相对地针对其他三国使用报复手段；(3)美国和欧盟之间很少发生反倾销调查案件，尽管美国共发起了 527 例案件，却没有一例是针对欧盟的；(4)印度和美国发起的反倾销诉讼案件数比它们所遭受的案件数都多很多；(5)美国、欧盟、印度针对中国的反倾销调查案件数都超过中国针对相应国家的三倍以上。特别是印度，印度针对中国发起了 169 例反倾销调查，而中国针对印度只有 7 例。

反倾销策略的使用是因为不公平贸易价格的存在，发展水平相当的经济体之间本来应该较少发生反倾销战，例如美国和欧盟之间。但是有些国家出于贸易保护主义思维而滥用反倾销策略，例如印度和美国。在国际贸易中，贸易战往往是针锋相对的，但是中国在这方面却显得大度得多，它很少针对美国、印度所发起的反倾销案件而采取对等措施。

（四）中美之间的反倾销贸易竞争

美国是中国最大的贸易伙伴之一，也是全球运用反倾销策略最多的发达国家。表 11 是 1995—2014 年，中美之间反倾销案件数、反倾销措施的持续时间、征收的平均反倾销率等情况。在针对中国的 1052 例反倾销调查中，有 124 例是由美国发起的，占中国遭遇反倾销调查总数的 12%。

表 11　1995—2014 年中美之间相互发起反倾销案件情况对比

	美国对中国发起		中国对美国发起	
调查数及采取了最终措施的案件数	调查数	最终反倾销措施的案件数及占比	调查数	最终反倾销措施的案件数及占比
案件数	124 起	99(79.8%=99/124)	40 起	33(82.5%=33/40)
反倾销措施持续时间		5 年以上		5 年
征收的平均反倾销税率		106.3% (1999—2014 年)		43.5% (1999—2014 年)
同时征收的平均反补贴税税率		大多数 98.2%(1999—2014 年)		无 (1999—2014 年)

数据来源：根据 WTO Secretariat Rules division 2014 年数据库计算所得。

数据地址：https://www.wto.org/english/tratop_e/adp_e/adp_e.htm

1. 中美之间发起反倾销调查及采取了最终措施的案件数

由表 11 可以看出，美国是反倾销调查策略的强势使用者，而中国却很少使用这一策略，美国对中国发起的反倾销调查数（124 起）是中国对美国发起数（40 起）的 3 倍多，且大多数情况是在美国发起反倾销调查后，中国为了报复或者增加谈判筹码而被动发起的反倾销调查[9]。

2. 中美之间实施反倾销措施的持续时间

中国对美国所采取的所有反倾销措施，持续时间最长为 5 年。而由美国对中国采取的反倾销措施持续的时间都超过 5 年，有些反倾销措施的持续时间甚至超过了 30 年。例如，美国自 1983 年 9 月起就开始对来自中国的涤棉印花布征收反倾销税，至今仍在继续征收此税，持续时间已经超过了 32 年。作为一项基本规则，WTO 反倾销协议第 11.3 条规定，除非存在“倾销和损害继续存在或再次发生”,否则 5 年之后应取消该反倾销措施。

反倾销措施实际上被用作了一种长期的非关税壁垒,以保护国内生产者免受贸易竞争影响。截止到 2014 年 12 月 31 日,美国对中国实施生效的反倾销措施数达到 99 例,其中有些在 20 世纪 80 年代起就开始生效了。20 世纪 80 年代以来,在美国所征收的反倾销税当中,持续时间超过 5 年的案件比率达 90%(Neufeld, 2001)。充分说明:美国是 WTO 规则的直接破坏者[10]。

3. 中美之间征收的反倾销税水平

表 11 显示,1999—2014 年,美国对中国征收的平均反倾销税税率为 106.3%,且大多数案件在采取反倾销措施的同时,还征收了反补贴税,平均反补贴税税率达到了 98.2%。而中国对美国采取的所有反倾销措施中,却根本不包括反补贴税。WTO 规则也禁止在相同损害的情况下采取双重措施(反倾销和反补贴)来抵消倾销或补贴的后果。再次证明:美国是 WTO 规则的严重破坏者。相比之下,中国对美国发起的 40 例反倾销调查案件中,33 例采取了最终措施案件的平均反倾销税率仅为 43.5%,连美国的一半也不到,且都没有征收反补贴税。

由美国对中国发起的反倾销调查当中:6 例被原告自动撤回了;9 例诉讼在发现并未发生倾销之后被判无效;6 例案件证实的确发生了倾销,但是由于没有产生实质性损害,未征收反倾销税;99 例案件被采取了最终反倾销措施,所征收的反倾销税率从 1.67%到 429.95%不等。其中有这样一个案件,其针对不同出口商征收的反倾销税税率也不同,对有些企业征收的税率低于平均值,对另外一些企业征收的税率则高于平均值,最高达 400%。很多时候,中国出口商本来害怕应诉或卷入其中,但最终不得不应诉,这是屈从于“不应诉就存在事实倾销”的反向推断而做出的被迫选择[11]。

在与美国之间发生反倾销案件时,中国企业常常处于劣势,且胜诉率很低,其主要原因在于:(1)中国企业缺乏应诉反应,首先应归于对美国法律的不熟悉(这种情况主要发生在 2010 年以前);(2)很多中国企业害怕打官司,因为打官司会花费很多钱。然而 2010 年以来,越来越多的中国企业主动对反倾销诉讼进行应诉,反倾销立案调查并不一定意味着已经证实了存在倾销,通过提供法律证据,增加了其获得公正裁决的机会。如果企业拒绝应诉或者消极应诉,就会导致对其产品征收高惩罚性税率,而惩罚性税率的威胁是激发中国企业主动保护自己免受反倾销诉讼的一个直接原因。例如,在 2003 年美国对中国电视机发起的反倾销诉讼中,针对长虹、TCL、康佳和厦华牌电视机设定的反倾销税税率分别为 26.37%、21.25%、9.69%和 5.22%。该案对应诉企业征收的加权平均反倾销税税率为22.94%，而对那些未应诉的企业却征收了 78.45%的惩罚性关税。正因为如此，两大应诉企业康佳和厦华才保持住了其出口市场，而其他企业则被赶了出来。

反倾销策略是一项国家战略，也是 WTO 规则中调整国家之间贸易争端的法律规范，而企业是直接参与者。理论上，为了本国企业、劳动者利益，国家都可以在 WTO 规则许可范围内，灵活应用反倾销策略，打击国际贸易价格歧视行为。表面上看似公平合法，但实际上往往因为某些国家的过度使用，违背了自由贸易精神，阻碍了消费者福利的提升和世界经济的发展。美、欧、印、中四个经济体之间的反倾销战就很好地诠释了这一点。

四、应对反倾销战——中国的策略建议

反倾销案例的研究是为了更好地应用于经济实践，指导和帮助政府、企业更好地在 WTO 规则范围内应对全球贸易争端，造福于本国经济和全球自由贸易的发展。

（一）对全球反倾销案例的研究结论

1. 反倾销法律规范、诉讼程序缺乏统一标准，只维护自身利益

比较一下美国、欧盟、印度和中国的反倾销法律部门的审理规程会发现，很难准确识别它们之间的差异，且它们并不标准化。在按照世界贸易组织法律和标准收集证据、做出法律裁决时，每个国家都有自己的规则和程序，由于每个国家在法律体系和制度规范上的差别，导致了实践上的巨大差异。有许多例子表明，各个国家在行动时都是以本国利益为出发点，且当有人批评他们受到了反倾销调查部门连累时，他们并不接受。研究发现，虽然各国均遵照世界贸易组织有关反倾销程序、规则和条例行事，但是对某些法律条例的解释却千差万别。

2. 世界贸易组织在反倾销案件涉及环境、劳动标准和国家补贴等方面的法律体系是不一致的

尽管 WTO 法律体系高度标准化，各国在反倾销案件最终裁决出台之前，仍然面临着结果的不确定性[12]。在巴西与美国棉花争端一案当中，巴西花费了近十年的时间，才迫使美国取消其惩罚性反倾销关税，而最后算下来，巴西为此支付了数百万美元的律师费。世界贸易组织的最后折中处理方式是，美国向巴西政府支付“损害”保护赔偿金，并不再对美国生产商提供

棉花补贴，虽然学术界对此案颇有争议，但是合法的保护在贸易治理当中还是有其一席之地的[13]。(李淑贞，2013)

3. 中国是遭受反倾销伤害最大的国家，却很少采取针锋相对的反倾销策略

本章研究最重要的一个部分是关注与中国有关的反倾销案件：首先，由于中国在全球居于“世界工厂”的地位，成了最容易受到反倾销战攻击的国家；中国和印度是竞争对手，都想争得亚洲区域经济的主导地位，因此这不仅仅是发达国家和发展中国家之间的对立。其次，根据贸易理论，中国应该针锋相对地采取报复性措施，但是中国并没有这么做，这与传统的“以牙还牙”的贸易理论不符，因此需要对中国的贸易策略有个更好的解释。相反，中国所采取的策略是努力就差异与贸易对手进行磋商，并且提出了替代性的安排。2012—2013年发生的中欧和中美之间的太阳能电池板反倾销争端就说明了中国双重博弈的复杂性：一方面，中国在努力对其虽混乱不堪却利益丰厚、价值数十亿美元的太阳能电池板的出口产业进行保护和整顿；另一方面，中国成功地与德国通过磋商达成了非正式的贸易联盟，阻止了由欧盟委员会所建议的惩罚性反倾销关税。

4. 中国政府应当改革传统的反倾销策略

通过数据分析，研究WTO成立以来全球反倾销案件，笔者详细分析了中国、美国、欧盟和印度等全球反倾销俱乐部核心成员的反倾销行为和策略选择。研究表明，中国是其贸易对手和竞争者发起反倾销诉讼的首要目标。20年来，中国一直是头号被告，欧盟、美国和印度都把反倾销调查作为其应对市场剧烈变化导致的结构性改变的短期权宜之计。正如雅克布·维纳(Jacob Viner，1923)所预言的，价格差异给中国及其他生产者带来了不公平的利益，各国无法对不对称的市场状况置之不理。另一方面，对于那些作为反倾销目标国的发展中国家而言，其劳动密集型产业雇用了成千上万的工人，如果在中长期内，政府“什么都不做”只会带来公共政策的灾难，其后果不堪设想[14]。中国政府2012年以前的反倾销策略到了非改不可的时候了。

(二) 中国的策略建议

相比较而言，由于中国企业不太具备处理复杂的反倾销案件的能力、缺乏资金和专业人才等，大多数中国企业选择不去抗辩，这导致很多针对中国的反倾销案件都被征收高额的反倾销关税。反倾销策略从来都是一项国家战略，因此，中国政府应该具备更加有效的反倾销策略。

1. 推动并参与到反倾销协议的改革之中

中国作为世界贸易组织成员国，又是全球最大的出口国，应该积极推动并参与到世界贸易组织协议的改革之中；同时，对其与美国、欧盟之间的承诺进行协商改进。首先，应该提高"倾销"确定的门槛，以便对发起的每一例反倾销调查所需要的条件进行限制；其次，考虑到非常低的劳动力成本和其他要素确定价格，应该对发达国家和发展中国家设定不同的倾销幅度；再次，在开始一项调查之前，应该实施更为严格的损害确定，而且损害的确定应该以企业特定情况为基础。正如诺伊费尔德(Neufeld，2001)所提议的，不正当的反倾销调查应该被淘汰出局。

2. 积极参与反倾销俱乐部

由于外国公司可能会在中国市场上采取倾销行为并对相关产业造成损害，中国政府和企业应该对其自身市场投入更多的注意力。政府应该制定完善的反倾销法律，并据此主动对其贸易伙伴的不公平贸易行为发起反倾销调查。其次，政府也应鼓励并帮助本国企业在所有反倾销诉讼中积极维护自身利益，尤其是那些由美国和欧盟等发达国家所提起的反倾销诉讼。

3. 企业和政府都应积极运用反倾销法律工具

中国应该积极运用反倾销法律工具来保护本国经济和就业，改变过去20年内中国所遭受的反倾销调查和发起的反倾销案件数极端不对称的现象。政府应鼓励国内企业针对其他国家在中国的倾销行为发起更多的反倾销诉讼。同时，要积极应对其他国家发起的反倾销案件，政府在国内企业支付这些诉讼所产生的法律费用方面应给予财政和金融方面的支持，如减免相应税收，或者像美国一样，把政府所征收的反倾销税收补贴给遭受损害的相关企业。

4. 政府在反倾销行动中的援助

中国企业之所以很少对反倾销调查案件给予积极应对，一是他们不熟悉反倾销条例和规程，二是很多企业没有经济实力来支付法律诉讼的高成本。中国政府应该采取以下措施：(1)建立预警机制。为国内出口商提供市场指导，对不同国家市场发布预警价格，告诉企业出口商品达到什么样的价格就可能遭受反倾销调查。同时，建立行业联盟和出口价格协调机制，避免恶性竞争。(2)法律服务。为本国企业提供应用反倾销法律工具方面的培训和咨询服务，指导和帮助企业积极灵活地应对倾销调查，在面临伤害时更好地应用反倾销法律武器保护自己。(3)经济援助。为企业参与反倾销法律诉讼提供必要的经费支持。(4)主动立案,积极应对。对外国企业的倾销行为政府应积极立案调查,减少不公平竞争的发生。(5)培养反倾销法律人才。政府部门和科研院所、法律服务部门应该培养更多能够熟练掌握世界贸易组织反倾销准则、熟悉其他国家反倾销法、精通外语的律师、专家。当中国企业在外国司法管辖区内遭受反倾销调查时,政府应该坚定地运用反倾销法以及其他措施给予企业援助。

中国是全球第一大出口国,但不会永远是遭受反倾销伤害最大的国家。中国要做全球国际贸易规则的制定者,让 WTO 反倾销规则真正做到公平公正,能够有效处理国际贸易争端,维护全球自由贸易的健康发展,引领全球经济,提高全社会福利。

注释:

① 发起国即发起反倾销调查的国家,目标国即被反倾销调查可能征收了惩罚性关税的国家(下同)。

② 发起数据:即发起反倾销调查的案件数,最终措施数即被裁定最终征收反倾销关税的案件数。

③ 发达国家、发展中国家:根据联合国 2010 年的定义,全球共有 56 个发达国家和准发达国家;本书将除 56 个国家之外的国家都划归发展中国家范畴(包括联合国定义的发展中国家和最不发达国家。依据来自百度文库:http://wenku.baidu.com/view/4dae462b0066f5335a81217f.html)。

④ 欧盟的反倾销案件中并不包括由欧盟成员国发起的诉讼数。

参考文献

[1]来自 WTO 数据库:https://www.wto.org/english/tratop_e/adp_e/adp_e.htm.

[2]T BROUDE. An Anti-dumping "To be or not to be" in Five Acts: A New Agenda for Research and Reform[J]. Journal of World Trade, 2003(2): 305-328.

[3] MANKIW NG, SWAGEL PL. Antidumping: The Third Rail of Trade Policy [J]. Foreign Affairs, 2005, 84(4): 107-119.

[4]D CIURIAK. Anti-dumping at 100 years and counting: A Canadian perspective [J]. The World Economy, 2005, 28(5): 641-649.

[5]JM DROPE, WL HANSEN. Anti-dumping's Happy Birthday? [J]. The World Economy, 2006, 29(4): 459-472.

[6]杨励,张宇翔.美国贸易救济体系运作机制分析[J].国际经贸探索,2013(5).

[7] 陈巧慧.我国企业应对反倾销能力综合评价研究——基于浙江省出口企业应对反倾销问卷调查分析[J].国际经贸探索,2013(7).

[8]MIRANDA JORGE, R A TORRES, MARIO RUIZ. The International Use of Anti－dumping: 1987—1997[J]. Journal of World Trade,1998, 84(4): 107－119.

[9] 巫强,姚志敏,马野青.美国反倾销立案调查对我国制造业上市公司影响的度量研究[J].国际贸易问题,2014(8).

[10]IN NEUFELD. Anti－dumping and countervailing procedures－use or abuse? Implications for developing countries[J]. Australian Journal of publlc Administration, 2001,6(2):77－84.

[11] LI YUEFEN. Why Has China Become a Target of Anti－dumping Activities [J]. State Administration of Foreign Affairs, People's Republic of China,2007(1):48－59.

[12] 李淑贞.中国反倾销的贸易保护效应:基于产品进口倾向性的比较研究[J].国际贸易问题, 2013(6).

[13] ROBERT HOWSE,DIANATUSSIE,AMIT RAY. India's WTO Challenge to Drug Enforcement Conditions in the European Community Generalized System of Preferences: A Little Known Case with Major Repercussions for "Political"Conditionality in US Trade Policy[J]. Chicago Journal International Law,2003(4).

[14] 雅各布·瓦伊那.倾销:国际贸易中的一个问题[M].沈瑶,译.北京:商务印书馆,1966.

第四章　中国所发起的反倾销案例及策略

——面对贸易战，中国并不完全被动

本章导读：经济全球化不断发展，全球贸易关税水平日益降低，各种临时性贸易壁垒——如反倾销，更多地成为贸易各方经常使用的贸易保护工具。特别是一些发展中国家越来越多地使用反倾销手段保护本国经济。中国使用反倾销措施起步晚，近20年来才开始大量使用这一工具。虽然30多年来中国一直是遭受反倾销调查最多的国家，但是2001—2012年，中国发起的反倾销总量居全球反倾销第五。笔者对2001—2012年中国发起的反倾销案例进行了分析研究后发现，中国发起的反倾销数量虽然增长较快，但涉案国家相对集中，涉案产品比较单一，立案也极为谨慎；在贸易效果上，尽管具有一定的贸易限制效应，但更多地体现在贸易转移效应上。

经济全球化带来了各国关税税率的普遍降低，而各种临时性贸易壁垒，特别是反倾销，被更多的贸易各方用作保护本国贸易和经济的工具。中国由于各种原因直到1997年才首次使用反倾销措施，但是我们的对外反倾销实践发展迅速，目前正成为全球对外反倾销的重要使用者。学者们对中国反倾销的现状和效应也有较为深入的研究，比如唐宇（2004）研究了反倾销的贸易保护对进口国可能产生的四种效应；鲍晓华（2007）根据1997—2004年中国反倾销案例的8位税则号的涉案产品数据，研究了反倾销措施引起的反倾销被指控对象国和非指控对象国的贸易模式的变化；朱允卫和易开刚（2005）对中国2005年以前所发起的反倾销案例的特点和存在的问题进行研究分析，提出了中国的对策建议；张家瑾（2006）对中国发起的反倾销案例最多的化工领域的案例进行了系统研究；杨韶艳（2007）把中国2007年之前所发起的反倾销案例及其经济效应结合起来加以研究；于璐瑶和冯宗宪（2007）分析了反倾销案件调查对于外商投资以及相关上下游产业的影响。以上研究的涉及面虽然较好地概括了我国反倾销的方方面面，但在2008年全球金融危机后，全球国际经济贸易格局发生了巨大的变化，反倾销等贸易保护主义措施被更多国家和经济体所采用,因此必须利用最新数据对中国的反倾销状况及其经济效应加以研究分析。对于这一点,国外很多学者就走在了我们的前面,例如尼尔斯(Pierce,2011)就通过模型分析美国的反倾销税对该国和相对国企业的影响。本书根据 WTO 提供的具体详细数据以及中国商务部网站、中国海关总署和中国贸易救济网等权威机构和网站的最新数据,研究了中国多年来所发起的反倾销案例及其贸易效应,找出了中国在反倾销领域存在的问题,为中国企业和官方提出了一系列策略建议。

一、中国学会了保护本国经济的战略武器——反倾销

(一)中国的反倾销案例从无到有快速增长的过程

反倾销起源于西方发达经济体,全球第一例反倾销案例起源于一百多年前的新西兰,欧盟第一起反倾销案件发生于 1978 年,美国发生于 1979 年。反倾销作为贸易保护工具,虽然已经有了百年历史,但中国学会使用这一政策工具却很晚,中国的第一起对外反倾销案例发生在 1997 年。同样是发展中国家的巴西和印度却分别于 1988 年和 1992 年就已经开始使用这一贸易工具保护本国经济,都比中国早了十年以上,特别是印度已经连续十几年成为全球发起反倾销案件最多的国家。但是,根据 WTO 的反倾销统计[1],2001—2012 年,中国共对外发起反倾销调查 187 例,在全球排名第五,已经成为全球反倾销工具的重要使用者,并且这类案件数还在逐年增长,因此可以说中国运用合法的 WTO 规则维护本国产业安全和经济利益的意识也在逐年增强。

表 1　世界主要经济体发起的反倾销案件数(2001—2012 年)

位次	国家/地区	对华数量	总数量	位次	国家/地区	对华数量	数量
1	印度	123	484	7	土耳其	65	154
2	美国	90	294	8	澳大利亚	26	119
3	欧盟	74	226	9	加拿大	26	90
4	巴西	55	202	10	巴基斯坦	11	77
5	中国		187	11	韩国	17	76
6	阿根廷	57	156	12	墨西哥	29	66

数据来源:根据查得·鲍恩(Chad P. Bown,2014)数据整理,引自安礼伟、高松婷的《中国对外反倾销现状、效应及对策分析》。

中国所发起的反倾销案件数波动幅度较大,这与对应年度的国际经济政治形势有关,虽然很多时候是针对那些对中国发起的反倾销调查进行的对等报复。中国于 2007—2012 年发起的反倾销数量总和明显低于 2001—2006 年

的数量总和，这一点与当时的全球金融危机有关。虽然在金融危机期间一些西方国家为了保护本国经济频繁发起反倾销调查，但中国却是个例外。2001—2012 年，中国对外反倾销年平均数量为 15.6 起，除 2009 年较多外，中国每年发起的反倾销数量都低于历年平均数。中国发起的反倾销强度也可以反映中国发起的反倾销案件的变化趋势。可以用公式 ADI＝CGAD/CGIM 表示反倾销强度，ADI 指标排除了全球对外反倾销数量和中国相对全球进口比重的变化对中国反倾销数量变化趋势的影响；CGAD 表示中国当年发起的对外反倾销数量占全球同期反倾销案件总量的比重；CGIM 则表示中国当年进口总额占全球同期进口总额的比重。2001—2006 年，中国对外反倾销强度的平均值为 0.69，最高值为 1.14，中国年平均反倾销强度值为 1.97，这些数据充分显示出中国所发起的反倾销数量也在逐渐减少。

由于中国有完善的工业体系，中国所发起的反倾销数量减少与中国传统制造业竞争力增强和中国参与国际分工有关。一方面，中国传统制造业竞争力增强，导致发展中国家相关进口产品很难以倾销价格和质量优势占领中国同类产品市场份额，外国产品在中国形成倾销其实是难度较大的；同时，由于中国在国际分工扮演着极为重要的角色，这样很多国外制造业产品在中国生产或者由中国参与加工制成，导致中国对这些产品的进口限制降低。

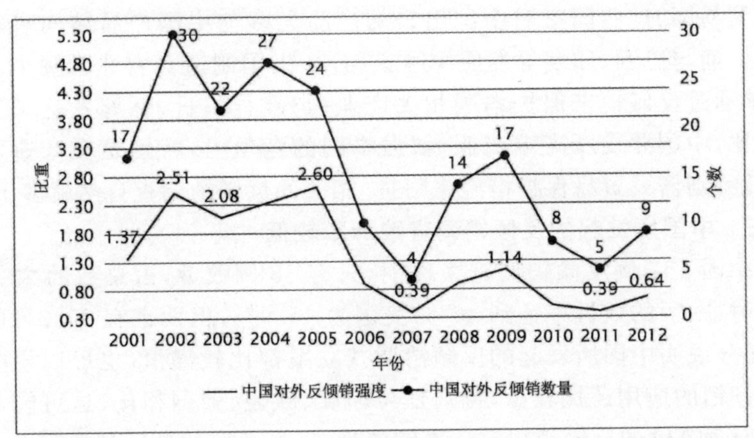

数据来源：根据查得·鲍恩（Chad P. Bown，2014）数据整理，引自安礼伟、高松婷的《中国对外反倾销现状、效应及对策分析》。

图 1　2001—2012 年中国发起的反倾销数量和强度变化图

（二）中国的外贸集中度较高，因此反倾销对象国也相对集中

多年来，中国所涉及的反倾销对象国范围较广，但由于中国的贸易集中

度较高，因此主要集中于欧盟、美国、日本和韩国。2001—2012 年，中国总计对 25 个经济体（国家）发起了 187 例反倾销调查，欧、美、日、韩四国被反倾销调查的总量占反倾销调查总量的 61.5%，详情见表 2 。

虽然说全球很多反倾销案件主要出于贸易报复目的，但是中国所发起的反倾销案中报复目的并不明显。中国反倾销调查前 10 名对象国与针对中国所发起反倾销调查前 10 名国家相互重叠的有印度、美国和欧盟，而印度是全球发起反倾销调查最多的国家，也是针对中国发起反倾销调查最多的国家，总数达到 123 例。相反，中国并没有对其进行报复性反倾销调查，在此期间中国针对印度总共只发起了 5 例反倾销案件。另一个国家巴西针对中国发起的反倾销调查数量位列全球第四，中国却从未对其发起任何反倾销调查。与此相反，日本和韩国针对中国所发起的反倾销调查数量虽然很少，但中国对日本和韩国所发起的反倾销调查总量排在中国所发起的反倾销总量的第二、三位。因此，中国所发起的反倾销并不都是出于报复的目的。一是因为中国并不因某国不针对中国发起实行反倾销，就放松该国产品对中国的倾销行为，例如日本、韩国等。同时，中国也不会因为某国对中国反倾销案件较多，就对该国相应地发起反倾销调查，例如，巴西、印度等。

中国所发起的反倾销更多地集中在欧、美、日、韩等对中国出口量较大的主要贸易国，这些国家对中国出口的产品大多与中国产品结构有很大的相似度。而与巴西、印度等发展中国家相比，中国制造具有非常强大的竞争力，无须通过反倾销来保护本国相关产业；与欧、美、日、韩等发达国家相关产业相比，中国要发展高端产业、增强本国的竞争力，特别是在产业发展的初期，就特别需要贸易保护措施来呵护，相关的反倾销调查自然就多了。

（三）中国所发起的反倾销调查败诉率较低

在中国 187 例反倾销调查案件中，只有 38 例败诉，占总数的 22%。而与此同时，欧盟的败诉率达到 46%，美国为 45.9%，巴西也有 36.3%的败诉率，这充分说明中国所发起的反倾销调查立案都比较谨慎，也可以说中国企业对反倾销的应用还比较少，特别是与印度、欧盟、美国相比，这可能与中国的企业对 WTO 的反倾销规定还不够熟悉，以及政府的鼓励和中国人的性格有关。中国政府在这方面还应加强对反倾销有关法规的教育和宣传，让国内的企业学会利用国际法和国内的法律法规保护本国的企业，使他们有一个更好的环境参与国际竞争。

表 2 全球主要国家的反倾销案件数(2001—2012 年)

国家/地区	印度	美国	欧盟	巴西	中国
败诉(败诉率)	106(24.4%)	135(45.9%)	104(46.6%)	74(36.3%)	38(20.3%)
征收反倾销税	237	146	97	77	131
价格承诺	54	0	2	4	7
中止调查	0	3	0	0	0
暂无结果	37	10	20	47	11
总计	434	294	223	202	187

数据来源:根据查得·鲍恩(Chad P. Bown,2014)数据整理,引自安礼伟、高松婷的《中国对外反倾销现状、效应及对策分析》。

(四)中国所发起的反倾销调查主要集中于化工产品

从 WTO 的统计数据发现,全球反倾销案件主要集中于化工、塑料橡胶、金属、纸制品等大宗类型商品,中国也不例外。2001—2012 年,中国发起过的反倾销调查案件涉及 62 种类商品,与全球反倾销涉案产品基本相似。

表 3 中国对外反倾销涉案产品(2001—2012 年)

产品类别	案件数	产品名称
化工产品	113	赖氨酸、丙烯酸甲酯、己内酰胺、邻苯二酚、苯酐、甲苯二异氰酸酯、苯酚、MDI、乙醇胺、氯仿、肼、三氯乙烯、双酚 A、二甲基环体硅氧烷、酚醛、ECH、邻苯二酚、辛醇、正丁醇、辛基酚、磺胺、丁酮、丙酮、BDO、己二酸、核苷酸、对苯二甲酸、甲醇、乙二醇丁醚、间苯二酚、甲苯胺、吡啶、太阳能级多晶硅
塑料橡胶产品	31	聚苯乙烯、聚对苯二甲酸乙二醇酯、SBR、聚氯乙烯、CR、EP-DM、PBT、聚酰胺 66、聚酰胺 6
纸产品	15	新闻纸、未漂白牛皮纸箱、玻璃纸、电解电容器纸、照相纸、涂漂白纸板
钢铁产品	10	冷轧钢板、钢铁紧固件、取向性硅电钢板、不锈钢无缝钢管
运输和光学设备	8	轿车和越野车、非色散为移单模光纤、气相色谱质谱仪、X 射线检测仪
纺织品	7	聚酯纤维、尼龙、氯纶
食用品	3	鸡肉、马铃薯淀粉、谷物

数据来源:根据查得·鲍恩(Chad P. Bown,2014)数据整理,引自安礼伟、高松婷的《中国对外反倾销现状、效应及对策分析》。

中国反倾销涉案产品主要集中于七类商品,前三类涉案产品案件总数约占中国全部反倾销案件数的 85%,主要是化工、塑料橡胶产品和纸质品。

本书前文根据WTO统计数据研究证明，全球反倾销涉案产品案件总数位居前三的约占全球反倾销案件总数的62.8%，它们是普通金属产品、化工产品、塑料橡胶产品。这种高度重合性说明中国对外反倾销涉案产品属于易于发生倾销的产品类别。

中国对外反倾销涉案最多的产品是化工产品。2001—2012年，与化工产品相关的反倾销调查为113例，占中国发起的反倾销调查总数的60.4%。中国集中针对化工产品发起反倾销调查的原因：首先是化工产业在我国关系国计民生、国防战略等的支柱产业，企业规模较大，以国有大中型企业为主，对中国的国民经济和社会发展有着重大影响，因此较易受到国家保护，国家对这些产业有一定的贸易保护也容易被接受。同时由于化工产业大多是上下游相互关联的行业，全行业上任意一个品种价格的波动都可能带动其上下游相关产品的价格变化，任意一个产品在本国倾销都可能引起行业震动，固而行业合作发起反倾销诉讼也容易引起政府的关注和配合。再次，化工企业是一个资本密集型产业，规模较大，企业国际意识较强，高层次人才多，很多企业都能够自已提起反倾销诉讼。

二、中国反倾销的经济功能

反倾销的贸易保护功能是被历史证明了的，首先，贸易限制功能体现在可以通过提高进口产品反倾销税而转移到最终价格上，从而抑制需求和进口量，甚至完全停止进口以实现对国内相关产业的保护。同时，反倾销的贸易转移功能也会得到充分体现，由于征收了高额的反倾销税，相关行业就可能转移进口来源地或者转移使用替代品。

（一）反倾销的贸易限制功能

反倾销的贸易限制功能主要指进口国实施反倾销调查的临时措施和最终反倾销措施后，来自反倾销指控对象国涉案产品的进口数量会出现快速下降情况。从立案当年开始，主研究立案前一年、立案当年及立案后三年内的反倾销涉案国的相关产品进口量占国内同类产品进口总量的百分比，用以测量反倾销调查到最终措施的实施对诉讼产品进口是否有限制或者说限制的幅度。本书以化工产品、塑料橡胶产品、纸产品、钢铁产品、光学设备、纺织品和食用品等七类中国主要反倾销涉案产品数量进行定量研究，从而发现规律。研究发现：(1)反倾销案件立案当年，塑料产品、纸质产品、钢铁产品、运输设备、食品等进口量都出现了明显的下降，有的甚至在当年就停止了进口，也就是说反倾销的进口限制效果非常明显；(2)在反倾销案件立案后的两年里，几乎全部被调查产品的进口量都出现了显著而持续的下降，产品进口数量在本国市场的占有率出现了极为显著的降低，与反倾销措施实施前几乎不可同日而语；(3)反倾销案件立案后第三年，有些产品如未漂白牛皮纸、鸡肉、一乙醇胺、冷轧钢板等的进口量占全部市场比重虽然略有上升，但都很难达到立案前的水平。因此，反倾销从立案开始，到最终措施的实施，对相关产品的贸易限制措施不仅确实存在，而且效果明显。

反倾销对不同类型的产品的贸易限制功能是不同的。首先，反倾销税税率的多少对相关产品的贸易限制功能是不同的。例如，相对于其他产品，中国的反倾销立案对来自美国的鸡肉征收了较高的反倾销税，导致来自美国的鸡肉在中国反倾销立案后的第三年的进口量在市场的占有率相对立案前一年下降的幅度普遍高于其他反倾销立案产品。其次，中国国内涉案产品的生产能力对该产品的贸易限制功能也有较大影响。假如立案后，本国相关产品的生产能力不能完全满足市场对涉案产品的生产和市场消费需要，则反倾销调查甚至最终产品对该进口产品的贸易限制功能有限，因为国内的需求会削弱价格弹性所带来的进口限制效果。例如，中国国内生产一乙醇胺主要采用环氧乙烷氨化法，完全无法满足本国市场需求，全国一乙醇胺的进口量达到全部市场需求的 85%。这么大的进口比例，使得在实施对一乙醇胺的反倾销调查甚至实施反倾销最终措施后对其贸易限制效果极不明显，特别是在案件立案后第三年进口量大幅度上升，已经高于立案前水平，因为市场需求才是最终力量。假如不能满足本国的需求，盲目进行反倾销，不但不能起到贸易限制的作用，有可能还会起到对落后产能的保护作用，不利于本国的产业结构调整，也无法达到原本目的。

表 4　中国对外反倾销主要立案产品进口量占比变化表

产品名称	反倾销税率	主要立案产品进口量占比				
		立案前一年	立案当年	立案后第一年	立案后第二年	立案后第三年
环氧氯丙烷	0～71.5	85.30	85.14	85.11	82.59	74.41
一乙醇胺	74	69.24	64.57	61.31	60.34	74.82
已内酰胺	5～28	85.49	88.02	63.88	42.62	36.16
聚氯乙烯	6～84	54.57	51.22	56.52	53.68	42.43
聚酰胺 66	5.3～20.9	16.53	20.34	16.44	13.74	13.11

（续表）

产品名称	反倾销税率	主要立案产品进口量占比				
		立案前一年	立案当年	立案后第一年	立案后第二年	立案后第三年
未漂白牛皮纸	11～65.2	46.13	41.90	38.76	29.43	33.89
冷轧钢板	0～48	49.33	42.94	32.62	35.87	40.61
聚酯纤维	2～48	60.78	57.53	33.70	32.36	29.31
鸡肉	50.3～105.4	72.67	84.90	16.42	13.63	37.25
非色散位移单模光纤	1.5～46	71.60	84.76	77.59	69.88	52.09

数据来源：根据查得·鲍恩(Chad P. Bown,2014)数据整理，引自安礼伟、高松婷的《中国对外反倾销现状、效应及对策分析》。

（二）反倾销的贸易转移效应

反倾销的贸易转移效应主要是反倾销指控对象国的市场份额被非指控对象国的进口增加所填补，使涉案产品的进口贸易量在指控对象国和非指控对象国之间所发生的贸易转移。也就是说因为反倾销可能会使非涉案国家的相关产品填补因为反倾销调查而引起的市场份额的下降，这样往往又会引起新的反倾销诉讼。表5反映的是2001—2012年期间，中国所发起的针对不同国家先后两次反倾销调查的涉案产品进口变化情况，从中可以看出，两次反倾销案件都存在极为显著的贸易转移功能。

表5 中国对同一税则号产品先后进行两次反倾销立案的情况(2001—2012年)

产品	第1次反倾销		第2次反倾销	
	指控对象方	立案日期	指控对象方	立案日期
聚对苯二甲酸乙二醇酯树脂	韩国	2001—08—03	中国台湾、日本	2005—06—06
已内酰胺	比利时、德国、俄罗斯、荷兰、日本	2001—12—07	欧盟、美国	2010—04—22
甲苯二异氰酸酯	韩国、美国、日本	2002—05—22	欧盟	2012—03—23
邻苯二酚	欧盟	2002—03—01	美国、日本	2005—05—31
色散非转义单模光纤	日本、韩国、美国	2003—07—01	欧盟、美国	2010—04—22
双酚A	韩国、日本、中国台湾、新加坡、俄罗斯	2004—05—12	日本，新加坡、韩国、中国台湾	2006—05—30
二甲基环体硅氰烷	美国、日本、美国、德国	2004—07—16	韩国、泰国	2008—05—28

数据来源：根据查得·鲍恩(Chad P. Bown,2014)数据整理，引自安礼伟、高松婷的《中国对外反倾销现状、效应及对策分析》。

贸易转移功能在一定程度上又有可能削弱反倾销的进口限制功能，使得反倾销不能达到对本国相关产业的贸易保护作用。所以在实施反倾销过程中要特别注意立案对象国的选择，不要因为贸易的转移削弱了反倾销对本国经济贸易的影响，违背了反倾销调查的初衷。

（三）反倾销对本国落后产能的保护影响本国产业结构的调整

反倾销可以打击进口，提高涉案产品在本国的销售价格，保护企业顺利度过发展初期的市场恶性竞争，培育本国经济体中相关企业的发展，带动就业。但是反倾销的这些功能有时又会在无形中保护了本国一些落后产能和竞争力不强的企业，使得他们消耗社会资源，也不利于本国产业结构的调整和供给侧改革政策的效果。例如，美国多年来发起了无数的反倾销案件，但是并没有使得美国制造业因此获得更多市场竞争力。印度的情况更加糟糕，即使发起了全球最多的反倾销案件，本国的产业也并未因此占领全球市场，甚至很多产品完全被国外产品占领。因此，要培育本国企业的国际竞争力，就要鼓励他们苦练内功，增强国际竞争力。

三、中国在利用反倾销时的政策建议

中国政府和企业对反倾销的认知和应用能力都还有限，我们要培养和鼓励企业和政府更多、更有效地使用反倾销规则反对国际贸易中的不平安贸易竞争、保护本国幼小产业、提升国内产业竞争力，通过大学、行业协会，对本国政府官员和企业领导进行反倾销诉讼及相关知识法律的培训，鼓励他们积极地利用反倾销工具服务于本国经济。

（一）健全反倾销法律体系

在立法层面完善我国的外贸法和反倾销、反补贴等贸易保护的法律体系。在 WTO 的法规范围内，建立中国自己的反倾销法律规范、流程，同时对政府官员和企业加以培训，使企业、政府都能够熟练掌握和应用完善的法律服务于本国的经济和贸易，特别是要加强对涉及国计民生的重要产业、新兴产业的保护力度，从而培养中国自己的跨国企业，使他们能够与国际大公司竞争。

（二）在全国建立反倾销信息预警体系

这个工作主要靠政府的推动和完善，建立贸易检测体系，对相关产品进口数据、进口量进行及时检测，同时对本国的相关行业企业的生产销售情况加以监测。一旦发现倾销行为，本国相关产业受到排挤和影响，就要指导企业立即提起反倾销诉讼，不能等国内企业破产了才进行诉讼。

(三) 发挥行业协会的主导协调作用

国外的反倾销案件大多以行业协会的方式提出诉讼，往往是集体应对，而中国往往因为企业多、规模小，很能协调一致行动。中国反倾销涉案产品主要是化工产品，根本原因就是化工行业集中度较高，相关行业的行动一致性较强，而其他行业不具备化工产业那种迅速有效地发起反倾销的条件和能力。中国的反倾销法规定，反倾销申请人资格有中国境内生产与倾销进口产品的同类的产品国内产业或者代表国内产业的自然人、法人或有关组织两类，申请人必须是国内相关产品的全部生产者或者其生产的产品产量占到国内相似产品总产量的50%份额或者以上；低于50%时，需要寻找支持申请反倾销立案的支持者，使总产量达到国内总产量的50%或以上。中国的其他行业都是小型生产企业，产量占比较小，行业的集中度很低，很难达到法律规定的反倾销申请人条件，这就需要行业协会起到引领和协调作用，团结行业相关企业或者代表国内相关产业一致行动，发起诉讼，分担高额的诉讼费用，提高国内企业对外反倾销的信心和能力。与此同时，国内的行业协会应该建立明确的分工和制度，避免一些企业“搭便车”，自己不参与诉讼，不分担诉讼费用，却享受反倾销带来的好处。

(四) 有效利用反倾销调查的限制功能

很多案例研究及本文上述研究证明，反倾销从立案就具有反倾销调查的贸易转移效应，即反倾销的进口限制功能不是一定要到最终裁决时才发挥的，而是从反倾销立案调查开始时就能起到保护国内相关产业、遏制倾销行为的功能。有的时候可以鼓励企业多发起反倾销诉讼，如果在此过程中已经达到了遏制进口和取消的目的，就可以不必采取最终的反倾销措施。政府和企业都应该灵活使用反倾销法律工具，在法律法规和WTO规则范围内，充分发挥反倾销调查功能，保护本国企业和经济，遏制不平等贸易行为。

(五) 利用反倾销工具服务于产业结构调整和供给侧改革

中国正在推行供给侧结构性改革和产业升级，为了提升国内产业的竞争力，我们也不能滥用反倾销工具，那样就会像美国一样，保护的是落后产能和管理效力低下的企业。我们应把反倾销工具应用于保护那些高新技术和高端制造产业。对那些落后的、不符合产业政策、危害环境的产业行业，不但不能立案，还应该鼓励进口，淘汰本国的相关产业。也就是要灵活应用反倾销工具，服务于我国的产能、供给侧改革的基本国策，增强本国企业的国际竞争力。

参考文献

[1]安礼伟,高松婷.中国对外反倾销现状、效应及对策分析[J].国际商务——对外经济贸易大学学报.2016(2):49－57.

[2]鲍晓华.反倾销措施的贸易救济效果评估[J].经济研究,2007(2):71－84.

[3]于璐瑶,冯宗宪.进口反倾销调查对外商投资与国内上下游产业链的影响及其对策[J].国际贸易,2007(9):10－15.

[4]张家瑾.我国化工产业对外反倾销问题研究[J].国际贸易,2006(8):23－28.

[5]朱允卫,易开刚.中国对外反倾销的特点、存在问题及其完善[J].国际贸易问题,2005(3):77－82.

[6]JR PIERCE. Plant－level RESponses to Antidumping Duties: Evidence from U. S. Manufacturers [J]. Journalof International Economics, 2011(85): 222－233.

第五章　中国加入 TPP 谈判的必要性
——基于国际贸易争端案件数据的研究

本章导读：从 WTO 成立至今，在 1995—2014 年的 20 年当中，全球共发生反倾销案件 4757 例，其中仅针对中国的就达 1052 例。中国一直是遭受反倾销损害最大的国家，其原因在于：中国不是 WTO 的创始成员国，没有参与 WTO 规则的制定，对 WTO 规则不熟悉，中国企业缺乏反倾销案件应诉条件等。鉴于此，中国应该积极谋求加入 TPP 谈判，参与新的国际贸易规则的制定和完善。然而，通过一般均衡模型的研究表明：加入 TPP 并不是必然给中国带来经济、政治上的益处；中国完全可以通过"金砖国家自贸区""上合组织自贸区""一带一路"战略，建立类似中—韩（中国—韩国）、中—澳（中国—澳大利亚）、中—新（中国—新西兰）自由贸易区的办法，削弱 TPP 给中国带来的负面影响，减少和克服与世界各国的反倾销案件等贸易纠纷，实现中国经济的转型升级，并争取引领全球经济一百年。

一、美国主导下的 TPP 谈判以及中国的难题

从 1995 年 WTO 建立，经过二十多年的发展，国际贸易规则已日趋成熟。但是因为中国、印度等发展中国家在 WTO 中力量的不断壮大，国家之间，特别是发展中国家和发达国家之间的贸易争端不断加剧，美国又一直在寻找维持其全球领导地位的各种途径，TPP 就是其试图占据全球国际贸易主导权的最佳选择，也给中国带来了选择难题。

（一）TPP 的起源和谈判现状

在经济全球化背景下，各国政府和经济学家纷纷鼓励自由贸易、降低关税，抨击带有贸易保护主义色彩的法律、法规，其中 WTO、APEC 等各类国际经济政治组织起着重要的作用。然而，2008 年美国金融危机爆发后，各国政府在本国产业和就业市场受到冲击时，又都纷纷采取反倾销、反补贴、保

障措施等带有贸易保护主义色彩的措施，甚至上诉至WTO争端解决机制来保护本国经济。从1995年1月1日WTO成立到2014年12月31日，全球共发生贸易争端4757例[①]。同时，WTO多哈回合谈判似乎已经陷入僵局，正如以美国著名经济学家威廉·盖尔斯敦为代表的观点所言：近年来，贸易谈判要么太大而不能成功，要么太小而不受重视，WTO多哈进程的淤滞表明，战后全球贸易协定的老旧模式几乎崩溃。同时由于中国、印度、俄罗斯等金砖国家在WTO内发挥着越来越大的作用，以及中国在亚洲乃至全球经济影响力的提升，使得美国在亚太地区的领导力日趋减弱。

在此背景下，美国急于寻求建立一个超越WTO和传统APEC模式的新组织来为全球贸易体系制定新规则，同时提高中国加入这一体系的门槛。于是，美国于2008年高调加入由新加坡、新西兰、文莱、智利等四国于2005年创立的"泛太平洋战略经济伙伴关系协定"(Trans－Pacific Strategic Economic Partnership Agreement)谈判，并于2009年11月将其更名为"跨太平洋伙伴关系协议"(Trans－Pacific Partnership Agreement，简称TPP)，开始主导这一国际贸易组织的谈判工作。陆续参与的还有澳大利亚、秘鲁、马来西亚、越南、墨西哥、加拿大、日本等十二国，其成员的GDP总值占全球的近40%，国际贸易总量则超过了世界贸易总量的三分之一[②]。同时，美国还在努力建立"欧美跨大西洋贸易与投资伙伴协议"(Transatlantic Trade and Investment Partnership，TTIP)，即美欧自由贸易区和全球轴心："多边服务业协议"PSA(Plurilateral Services Agreement)。这三个协议(TPP、TTIP、PSA)完全可以架空或取代WTO，而且也都把中国完全排除在外。研究表明，中国未来将因此受到更多损害[③]。

中国于2001年加入WTO，这令西方许多政客、工会、企业后悔不已，他们认为，中国进入全球市场后获益巨大，却付出极少。于是，针对中国的反倾销、反补贴等贸易争端案件不减反增。自1995年WTO成立以来，中国就一直是全世界遭受"双反"(即反倾销、反补贴)调查最多的国家，也是遭受损害最大的国家。在全球4757例贸易争端中，仅针对中国的就达到1052例。

---

① World Trade Organization，2014 Annual Report，Retrieved from https://www.wto.org/english/res_e/booksp_e/anrep_e/anrep14_e.pdf.

② 郑丽珍.TPP劳动标准议题的后续谈判与中国的选择[J].国际经贸探索，2014.

③ 彭支伟，张伯伟.TPP和亚太自由贸易区的经济效应及中国的对策[J].国际贸易问题，2013.

而由中国发起的针对其他国家的“双反”案件却只有218例[①]。中国成为世界工厂多年，牺牲了大量的资源、环境、土地、人民健康，而得到的利润却极其微薄。中国所面临的国际贸易环境日趋恶劣，如果TPP谈判成功的话，对未来中国的国际政治、经济将有更加深远的影响。

目前，TPP谈判已经进入最后阶段。随着中国“一带一路”战略的实施及“亚洲基础设施投资银行”的成功建立，刺激了美国和日本两大谈判对手积极促进TPP谈判的进程。2015年6月29日，美国参众两院一致通过的贸易促进授权法案（TPA）正式生效，则使美国总统奥巴马可以随时签订他一直致力推进的《跨太平洋伙伴关系协议》（TPP）。日本和美国政府都在努力促成在2015年9月全面达成TPP协议，以便使中国在2014年APEC峰会上力推的亚太自贸区难以实现，并在亚太地区形成以中国为一方，美国、日本为另一方展开经济主导权竞争和地缘博弈的格局。

（二）面对TPP谈判，中国的选择难题

参与国际经济贸易规则的制定非常重要，中国在是否要加入以及如何加入TPP谈判的问题上却面临着艰难选择，目前在学术界存在着“尽快加入论”“不加入论”和“静观其变、相机而动论”三种观点，彼此之间存在很大争议。

1.“尽快加入论”

该观点认为，一旦TPP谈判进展顺利，为争取参与国际贸易规则制定的主动权，避免像当年加入WTO那样被迫做出大量承诺，被动地接受由美国、日本等国提出的不平等条约，中国应该尽快加入TPP谈判。

2.“不加入论”

该观点认为，美国把TPP与非关税壁垒以外的诸多问题联系了起来，例如政府采购、国有企业的运营、知识产权及其补充条款等，而所有这些问题都是指向中国的。因此，即便没有明确规定把中国排除在外，在这些条件的约束下，中国也很难愿意参加。美国必将依据其既有的规则优势，继续发动针对中国的反倾销、反补贴调查[②]。同时，TPP中的农业、服务贸易、知识产权等条款会给我国经济带来损害，就这些而言，还不适宜加入。

3.“静观其变、相机而动论”

该观点主张用丝绸之路经济带、“一带一路”战略、双边和多边自由贸

① 来自WTO数据库：https://www.wto.org/english/tratop_e/adp_e/adp_e.htm.

② 毛志远.美国TPP国企条款提案对投资国民待遇的减损[J].国际经贸探索，2014.

易区等削弱 TPP 的影响。TPP 目前仍处在谈判阶段，谈判各方矛盾重重，能否最终谈成尚不确定。TPP 主张全面取消关税，不允许例外的要求，这对某些谈判方杀伤力巨大。例如在多哈回合中，核心谈判方日本就因为坚持农产品国内保护而与美国立场不同。因此对于日本加入 TPP 谈判，国内反对声很大，认为一旦降低关税，外国廉价农产品大量涌入日本市场，会给日本农业带来毁灭性打击[①]。和日本有相同担忧的谈判方很多，即使在美国，也存在许多反对的声音。国际贸易中的国家就好比竞技场的斗士，TPP 要求大家都除去关税盔甲赤膊上阵的做法，对美国国内产业的杀伤力也不小，因此 TPP 并非没有失败的可能。如果 TPP 最终解散或者如同 APEC 一样停滞不前，都将不会对中国产生什么实际影响，当然这也是对中国而言最理想的结果。反之，即使 TPP 谈判顺利，中国也可以有所应对。区域经济一体化是当今国家间经济合作的热门形式，中国也应该在这方面有所作为，建立自己的自贸区。例如，可致力于与日本、韩国甚至俄罗斯签订 FTA，建成东亚自由贸易区，来对抗美国的 TPP[②]。因此，当务之急应是加快与日本和韩国的 FTA 谈判，避免在亚太经济版图中被边缘化。目前，中国已经与韩国签订了双边自由贸易协议。加之亚洲基础设施银行、“一带一路”战略等一系列举措的实施，必将大大削弱 TPP 对中国的负面影响。

二、参与国际贸易规则制定的重要性

由于全球国际贸易争端频发，利用反倾销、反补贴政策开辟政策空间的国家越来越多。从 1995 年 1 月 1 日到 2014 年 12 月 31 日，全球共爆发 4757 例反倾销调查案件，平均每年 238 例，差不多每个工作日就发生一例，且涉及了所有 WTO 成员方，因此对国际贸易规则的掌握就显得尤为重要。

(一) 国际贸易争端案件频发和参与 TPP 谈判的必要性

WTO 成员方以国际贸易组织争端解决机制相关法律为基础，来建立国内贸易救济解决程序的法律规范，从而建立起了 WTO 的投诉驱动系统。这种替代性的国际贸易纠纷解决机制的走向，不仅涵盖了反倾销调查，还包括补贴和反补贴措施。当国内的产业受到别国商品的倾销或者补贴损害时，

① 吕釉，崔岩. 日本推动 TPP 谈判的动因及制约因素[J]. 现代日本经济，2013.

② 王金强. TPP 对 RECP：亚太地区合作背后的政治博弈[J]. 亚太经济，2013.

该国政府有权征收反倾销和反补贴税。实际上，这些保护措施是一些国家在本国具体产业受到冲击或影响时而采取的暂时性限制进口的措施，其通常会在经济困难时期显著增加①。

在美国、欧盟及其盟友们制订和掌控着复杂的世界贸易争端解决体系和规则的同时，反倾销案件的数据则反映了 WTO 成员间力量的改变。1985 年之前，没有任何一个发展中国家发起过反倾销调查或投诉；此后，发展中国家却发起了超过一半数量的反倾销案（见表 1）。阿根廷、巴西、印度和南非使用反倾销贸易争端解决机制的案件，是同期美国的 5 到 20 倍②。例如，发展中国家每年发起 150～200 例反倾销调查，而发达国家同期（1985 年以后）每年总计只有 50～75 例。

表 1　1995—2014 年各主要国家的反倾销发起数和作为目标国的案件数及相应比例

	作为发起国发起的反倾销数量及比例	作为目标国被调查数量及比例
美国	527（11.1%）	266（5.6%）
欧盟	468（9.8%）	108（2.3%）
中国	218（4.6%）	1052(22.10%)
印度	740（15.6%）	192（4.0%）
小计(四个国家)	1953（41.1%）	1618（34%）
全球总计	4757(100%)	4757(100%)

数据来源：根据 WTO Secretariat Rules divisio2014 数据库计算而来，下同。

发达国家一直用 WTO 反倾销规则保护自身的就业机会和相关产业，或者用此报复那些对其出口产品征收反倾销税的竞争对手。同时，发达国家和发展中国家都用单边反倾销调查来解决贸易争端中的不公平竞争行为③。但是总体上，发展中国家被作为调查目标国的案件两倍于发达国家，特别是作为反倾销目标国的代表——中国，一直是遭受反倾销调查最多的国家，给

① 李计广，杨光．欧盟对华反倾销反补贴裁决结果的影响因素考察——基于 Probit 模型的分析[J]. 国际商务——对外经济贸易大学学报，2014(2).

② GREGORY MANKIW，PHILLIP SWAGEL. The Politics and Economics of Offshore Outsourcing[J]. NBER Working Paper，2006:115.

③ 秦臻，倪艳．WTO 成立以来技术性贸易措施对中国农产品出口影响研究——基于多边贸易阻力的两阶段引力模型[J]. 国际经贸探索，2013(1).

其出口贸易带来了长期的损害；印度一直是发起反倾销调查和强制征收反倾销税最多的国家。发展中国家作为目标国被反倾销调查多的原因在于，其出口产品价格低于发达国家的生产成本。这些数据告诉人们：发展中国家要尽快学会把反倾销法规既作为他们的矛（攻击别国），也作为盾（保护自己）。

中国遭受反倾销调查最多的原因是多方面的。中国企业在遇到外国攻击时缺乏保护自己的条件，如：政府强有力的支持、熟悉 WTO 规则的专家、必要的财政资源和高质量的管理团队等。这就使得很多中国企业在遇到外国攻击时选择放弃辩护，也因此导致针对中国的反倾销调查及最终实施反倾销措施的比率很高。同样是发展中国家，印度的情况则完全相反，从 1995 年 1 月 1 日到 2014 年 12 月 31 日，印度一直是发起反倾销调查最多的国家，共发起 740 起（占 WTO 统计总数的 15.6%），而作为目标国遭受的反倾销调查则只有 192 起（占 WTO 统计总数的 4%）。美国和印度的情况类似，自身发起反倾销调查的案件数量多，而作为目标国被调查的情况少。而中国作为目标国遭受反倾销调查的案件达 1052 例，占全球总数的 22.1%；同期，中国却只发起反倾销调查 218 例，仅占总数的 4.6%。发起数仅相当于遭受调查数的五分之一，与中国全球第一大国际贸易国的身份严重不匹配。

综合表 2 和表 3 可以看出：(1)发展中国家总共遭受 2978 例反倾销调查，其中 67%(2005 例)是来自其他发展中国家本身，而只有 973 例(33%)是来自发达国家。发达国家共遭受 1779 例反倾销调查，其中大约 40%(707 例)是来自其他发达国家，其余则来自发展中国家，总体上发展中国家遭受的反倾销案件数远大于发达国家。(2)中国之所以在全球遭受如此多的反倾销调查，最主要的原因在于，中国和其他发展中国家一样，都不是 WTO 创始国，对于 WTO 规则，无论政府还是企业，不仅都没有参与制定和修改，而且对规则掌握得也不好，更不能准确地利用 WTO 规则为本国商品和贸易服务。(3)中国和美国之间的贸易对抗越来越突出，在针对中国的 1052 起反倾销调查案当中，由美国发起作为原告的案件达到 124 例，而与此同时，中国发起的针对美国的反倾销调查却只有 40 例。

表 2　1995—2014 年发达、发展中国家作为反倾销发起国和目标国案件数据对比

	发达国家	发展中国家	总计
发起国	37.4%(1779)	62.6%(2978)	100%(4757)
目标国	40.7%(1938)	59.3%(2819)	100%(4757)

注释：根据联合国 2010 年的定义，全球共有 56 个发达国家和准发达国家；本书将除 56 个国家之外的联合国定义的发展中国家和最不发达国家全部划归发展中国家范畴。

表 3　1995—2014 年主要国家和经济体反倾销案件的发起和来源数据对比

国家(经济体)	作为目标被发起反倾销数	反倾销的来源						反倾销发起数
		发达国家	发展中国家	中国	美国	欧盟	印度	
发达国家	1779	707	1072	174	198	120	334	1938
发展中国家	2978	973	2005	44	329	348	406	2819
中国	1052	380	672		124	119	169	218
美国	266	65	201	40		16	39	527
欧盟	108	4	104	24	0		57	468
印度	192	84	108	7	26	36		740

注释：欧盟的反倾销案件并不包括由欧盟成员国发起的诉讼数。

在任何竞争领域，参与规则和标准的制定都是取得胜利的关键因素，从上述反倾销案件数据的分析可知，美国等西方发达国家是 WTO 规则的娴熟应用者，以此为本国谋取巨大利益。当前，美国正领导 TPP 成员国、跨大西洋合作组织成员国重塑国际经济贸易规则，中国如能及时加入 TPP 谈判，将有权参与相关国际经济贸易规则的制定和完善，引导其向着有利于中国经济发展的方向发展，对参与国际市场的再分工和竞争无疑是有好处的。

（二）中国加入 TPP 谈判的非必要性

TPP 是现代经济形势下最新的国际贸易组织，一旦正式成立，必然领导制定新的、现代国际贸易规则，而中国作为全球最大的国际贸易国，如果不能有效参与新规则的制定显然是不利于中国未来经济贸易的正常发展。下面我们依然从反倾销案例的历史数据研究中国加入 TPP 谈判的必要性。

首先，并不是每一例反倾销调查都会最终实施反倾销税，其中很大一部分都会中途因为双方的谈判而和解，例如倾销方主动限制出口数量，或者由于调查证明并没有证据表明实际倾销伤害的存在。因此，并不是每一个反

倾销调查总是有利于起诉方的，例如2001年全年，反倾销调查案件350例，其中只有150例最终实现了征收反倾销税①。

多年的研究事实证明，当一国的国内产业或就业受到越来越全球化所带来的国际贸易不平衡的冲击损害时，该国就有可能采取临时性的保护措施（例如反倾销、反补贴等）来保护本国经济和贸易，特别是由于本国就业压力大的时候。反倾销反补贴等贸易保护主义措施自从一百多年诞生至今，几乎频繁被全球所有国家所使用，然而，它们并没有阻止全球总体关税税率的总体下降趋势，在全球总背景下，全球平均关税税率已经到了历史性的低点——5%。一个产业在其发展初期，有时需要利用各种关税和非关税措施对该产业进行短期的保护，而当这个产业成熟并强大起来的时候，关税和非关税保护措施就显得没有必要性，从而被取消，几乎所有国家在相关产业成长到具有足够竞争力的时候，都会降低该产品的进口关税和各种非关税壁垒。

WTO法律体系的核心是WTO的争端解决体系（DRS），而争端解决体系主要集中在反倾销反补贴相关的法律系统。大家都知道，反倾销案件启动后就意味着进入复杂的法律程序，案件的花费极其昂贵，特别是一旦进入到相关专家委员会的审核，或者进入到WTO上诉法庭裁决程序的时候，不仅需要通晓国际贸易法律体系、条文的专业人才、专家，更需要强大的资金支持，这些对于发达国家来说也许是非常简单而熟悉的。但是，由于全球发展水平和经济结构的不平衡，全球很多发展中国家既缺乏人才，更缺乏资金，他们不仅没有成功运用WTO贸易争端解决体系的经验，更不知道在本国市场价格受到倾销冲击时的资源再分配能力。这些发展中国家本身缺乏必要的法律框架，甚至对WTO规则的法律体系也理解不够，他们只是简单地按照国际法中关于海关的有关法规做出最基本的判断。这就是为什么很多发展中国家鲜少在WTO争端解决体系中取得优势的原因。

从1995年WTO成立至2014年12月31日的20年时间里，在全球针对中国发起的1052例反倾销案件中，美国发起了其中的124例，占比超过11.8%。近三十年来，美国不仅仅始终是中国第一大单一贸易体，更是对中国发起反倾销反补贴等贸易争端案件最多的国家，关键是美国所发起的反

① 李计广，杨光：欧盟对华反倾销反补贴裁决结果的影响因素考察——基于Probit模型的分析[J]. 国际商务——对外经济贸易大学学报，2014(2).

倾销案件的90%以上都最终征收反倾销税(详见表4),这个比例远远高于全球的平均水平。

表4　中美之间反倾销案件调查数和最终采取反倾销措施数(1995—2014年)

项目	美国发起	中国发起	美国针对中国	中国针对美国
案件调查及最终措施	调查数	调查数	采取的最终措施数(%)	采取的最终措施数(%)
发起案件数	124	40	99(79.8%)	33(82.5%)
最终措施的持续时间	—	—	5年以上	不超过5年
征收反倾销税平均税率	—	—	106.3%(1999—2014年)	43.5%(1999—2014年)
同期反补贴税平均税率	—	—	98.2%(1999—2014年)	0(1999—2014年)

首先,美国是全球应用反倾销反补贴等国际贸易和规则许可的法律工具保护本国经济和企业的最常用者。二十年间,美国所发起的针对中国的反倾销调查数达到惊人的124例,而同期中国只针对美国发起的反倾销调查只有49例,两者相比,美国是中国的两倍多,根据深入研究中国案件数的研究表明,中国是为了报复或者增加谈判筹码而被动发起的针对美国的反倾销案件调查。

其次,美国所有针对中国的反倾销措施征收的反倾销税税率都远远高于中国同期中针对美国产品征收的反倾销税,从表中可以看出,美国针对中国产品的平均反倾销税达产品进口价格的106.3%,同期,中国针对美国的40例反倾销案件中,有33例最终采取了征收平均43.5%的反倾销税,还不到美国的一半。而美国在征收反倾销税的同时,大多数案件还同时征收了高额的反补贴税,平均反补贴税率98.2%,与此相反,中国在同期针对美国的所有反倾销案件都没有征收反补贴税。因为WTO规则规定,在相同损害的情况下,禁止同时征收反倾销税和反补贴税,美国依靠其国际政治和经济霸权,从来不把WTO规则放在眼里,常常破坏WTO规则,中国才是WTO规则的坚定守护者。

再次,在反倾销措施实施时间上中美两国也有很大的不同,中国所有针对美国的反倾销案件持续的时间都不超过WTO规定的5年时间,然而同期美国针对中国的反倾销案件大多持续时间都5年以上。正如上文所说的,有的反倾销措施的持续时间超过了30年。美国一再违反WTO反倾销协议第11.3条的规定:除非存在“倾销和损害继续存在或再次发生”,否则5年之后应取消该反倾销措施。

从上面的分析可以看出，美国是 WTO 规则等国际贸易规则的制定者，也是 WTO 规则的直接破坏者。所有的规则都是强权政治的保护伞，因此参与规则的制定固然可以争取更多对自己有利的条款，但最终还是要靠实力（经济实力、政治实力和军事实力）。美国凭借其在国际社会独一无二的霸权地位，可以利用其规则打击和限制别国，也可以破坏所有的规则，达到其自身利益的最大化[①]。因此，中国即使参与 TPP 谈判，也难以把控其走向和规则的制定，无法确保其向着对自己有利的方面发展。

（三）中国加入 TPP 谈判为时尚早

TPP 作为最新的现代国际经济贸易组织，必将主导未来国际贸易规则的制定，从而让中国没有机会参与最新国际贸易规则的制定，从而起到遏制中国经济的目的，这也是美国奥巴马政府启动并主导 TPP 谈判的最初意图。40 年来，虽然经过肯尼迪、东京和乌拉圭等多轮国际经贸谈判，关税税率大幅降低，非关税壁垒逐步减少，但是反倾销案件却不降反升，反倾销已经成了打破市场准入进行贸易保护本国经济和企业的贸易手段，反倾销措施成为很多国家增加税收、扶持科技投资项目、促进区域经济发展、平缓国内失业率、改变本国市场不公平竞争等的重要经济法律手段和工具。不论是欧美发达资本主义国家还是发展中国家都把本国的反倾销反补贴贸易法作为既可以当矛又可以当盾的经济调节工具，让它成为解决本国经济矛盾、减少失业、保护本国新兴产业的重要政策工具。即使在经济全球化所倡导的自由贸易时代，外部经济环境已经深刻影响到不同国家的国际竞争力，很多国家把反倾销法律作为其面临不平衡和风险时战略调节工具也就不难理解了。

反倾销是 WTO 规则中使得贸易保护主义变得合法化的重要漏洞，它违背了 WTO 所倡导的贸易自由化的初衷，尽管后来的东京和新加坡回合谈判曾经试图修改相关法律法规，但由于各国都有权制定自己的反倾销法律法规，特别是在判定贸易损害以及掠夺性价格方面存在较大差异，各国很难形成统一规范的法律体系。因此，全球经历多轮谈判，最终都以失败告终，但是 TPP 内部就能够很好地解决这一问题。

金柏莉·安·伊利亚特（Kimberly Ann Elliot）[②]发现，“美国的商业政策是

---

① 张永. 美国反倾销申诉的贸易转移效应分析[J]. 国际经贸探索，2013(4).

② KIMBERLY ANN ELLIOT. Delivering on Doha：Farm Trade and the Poor Washington：center for Global Derelopment：Institute for Interational tcononics，2006.

持续地歧视穷国和穷人","最大的关税降低是在农产品和劳动密集型行业"①,这些在新兴经济体国家具有更大的竞争力。从服装到糖、花生、烟草和奶制品,他们面对的平均关税是13%,严格的原产地规则限制着发展中国家的这些产品进入美国市场。也就是说,TPP谈判即使取得成功,美国也未必心甘情愿地允许越南、智利等发展中国家低廉的服装、糖、烟草等产品毫无障碍地进入美国市场,美国完全有可能通过国内经济政策合法地保护本国就业和经济,从而使其低廉的大宗农产品合法地进入日本、新西兰、澳大利亚等发达国家市场。美国还有可能通过TPP规则,影响越南等国的政治、社会制度等意识形态领域。如果中国现在贸然加入TPP谈判,美国必然利用TPP的某些先决条件,影响中国的国有企业、社会福利、环保制度等社会主义经济基础乃至政治制度,继而影响中国共产党的执政基础。因此,尽管早期参与新的国际贸易规则的制定极其重要,但中国此时加入TPP谈判为时尚早。

三、中国的策略和选择

伴随美国主导下TPP谈判的成功,必然给中国经济带来影响,中国能否把可能的负面影响降到最低,甚至转化为对中国经济的促进和机遇,这就需要更大的智慧和更好的策略。

(一)TPP谈判可能倒逼中国进行经济体制的改革

目前,TPP谈判已进入收官阶段,TPP的建立归根到底是为了建立一种新型的贸易规则和政策体系,然而,所有的贸易政策不可避免地会受到政治的扭曲。反倾销规则就像索具一样制约着经济全球化和贸易自由化的进程,也为很多经济学家和相关专业人士的反对,因为反倾销往往会降低被倾销国普通消费者享受价廉物美的商品,减少了社会福利。但是全球各国政府在本国市场受到冲击或者希望保护某一新兴行业的时候,他们往往需要借助反倾销法法规来保护本国的就业、相关产业或者维持本国的市场秩序。现在,科技的发展和经济全球化已经使得国与国之间的贸易更加频繁而有效,地球村的概念深入人心。为了使得本国经济在全球竞争和新的现代经济均衡中取得优势,各国政府又经常利用反倾销、反补贴等非关税贸易保护措施,保护本国经济和企业,却给全球化和贸易自由化带来伤害。现在,WTO参与解决的贸易争端数量虽然在变少,但是反倾销、反补贴、更加隐蔽

① 杨励,张宇翔.美国贸易救济体系运作机制分析[J].国际经贸探索.2013(5).

的非关税措施越来越成为各国用以解决国际贸易争端的手段。各国更多地利用本国的反倾销法法规在本国法院解决倾销问题，却很少把案件拿到 WTO 去解决。

贸易具有一定的政治特性，每个国家都希望通过具有竞争优势的行业出口来扩大全球市场份额，同时为了保护国内的相关产业和就业机会，又会限制低价格商品的进口。各国政府都想成为赢家，但贸易本身是一个长期、持续和需求导向的过程。在经济衰退时，美国、欧盟和加拿大等发达工业国，希望通过反倾销、反补贴等措施来实现减缓经济衰退、缓解国内失业压力等经济问题，同时遏制新型经济体的增长步伐。

在过去，发展中国家很少利用 WTO 的反倾销争端解决机制来保护本国经济、贸易、就业和市场，在面对来自欧、美等发达国家的反倾销调查案件经常放弃应诉，本国应有的利益得不到保护，其中最主要的原因就是这些国家对 WTO 的有关反倾销法律、法规不很熟悉，经济能力有限，甚至连语言障碍也很难克服。例如早期的中国虽然号称世界工厂，但是中国多年来一直是全球遭受反倾销、反补贴伤害最大的国家，中国几乎很少利用 WTO 的反倾销争端解决机制去保护本国企业和经济，更少主动发起反倾销反补贴调查案件，即使在遭受外国倾销伤害时也很少有企业主动发起反倾销诉讼，很多企业在面对外国的反倾销调查也不积极主动应诉，这与中国企业普遍规模较小，数量较多，很难有强有力的企业协会或政府部门对他们进行有效的组织、辅导和支持有很大的关系，这些都给中国企业带来了巨大的伤害。当然，并不是全球发展中国家都和中国一样无所作为，而是积极利用反倾销等 WTO 规则中的反倾销反补贴规则保护本国经济，这其中前文提到的印度就是典范。二十多年来，印度一个只有 13 个人领导的反倾销政府部门却发起了全球最多的反倾销案件①，他们取胜的法宝就是把全国企业有效地组织起来，在 WTO 争端解决机制的框架内，利用反倾销手段保护本国的企业和经济。

印度为全球发展中国家树立了很好的利用 WTO 规则的榜样。中国政府应当加大资金和人力的投入，不仅要研究和掌握 WTO 规则以及 WTO 的贸易争端解决机制，还应组建专门的机构研究 WTO、TPP 等现代国际经济贸易组织；建立反倾销反补贴的预警机制，培训和指导企业不仅仅要积极面

① 陈巧慧. 我国企业应对反倾销能力综合评价研究——基于浙江省出口企业应对反倾销问卷调查分析[J]. 国际经贸探索，2013(7).

对其他国家发起的相关案件，在本国产业和就业市场受到倾销伤害时主动提起反倾销诉讼；同时政府在税收、资金和人力等方面对企业给予大力支持，增强其国际竞争力。在大学和相关的研究机构开展国际贸易规则、WTO、TPP 等相关课题研究，在大学开设相关课程又是另一个解决办法，并且是一个长久之计。

中国在反倾销等 WTO 规则领域的研究和应用已经落后于很多国家，但是 TPP 是一个全新的自由贸易组织，尽管距离其真正运行还存在一定的不确定性。在经济全球化趋势越来越强烈的情况下，贸易自由化依然值得期待，中国要积极进行产业升级和结构调整，发展具有比较优势的产业，推动公平贸易的发展，从而造福全球。要在 TPP 谈判的时候，就要积极参与 TPP 规则的研究，对其可能给本国经济带来的伤害进行研究和评估，指导企业和政府部门有针对性地进行适应性改革，以免重蹈多年遭受反倾销伤害最多的覆辙。

（二）定量研究证明，加入 TPP 并非中国的唯一选择

彼德·A·佩特里（Peter A. Peiri）、米迦勒·G·普卢默（Michael G. Plummer，2011）[①]、金尚谦（Sangkyom Kim，2011）[②]等人通过建立一般均衡模型，分析了 TPP9 国（不含日本等）、TPP12 国（含日本）、TPP13 国（含中国）、东盟 10＋3 等情况下，对各国 GDP 及社会福利带来的影响，并得出了如下结论：(1) TPP 为北美和南美经济体带来了可观的经济收益，东亚合作为亚洲经济体带来了稳定的收益；(2) TPP 为美国带来的福利收益有限；(3) 小型、开放经济体（越南）从 TPP 中获得的福利收益相当可观；(4)东亚合作本身也会对美国经济产生正面影响（尽管规模较小），这是因为亚洲经济体生产率的提高，会进而改善美国的贸易条件（但是进一步的东亚合作有可能会轻微损害美国的福利）；(5)日本从 TPP 或东亚合作中获得的福利收益基本相等，区别不明显；(6)没有参加 TPP 的经济体普遍遭受了福利损失（尽管福利损失并不显著）；(7)对大多数东亚经济体而言，东亚合作两个方案（东盟 10＋3 和东盟 10＋6）所带来的福利收益区别并不显著；(8)澳大利亚从

---

① PETER A. PETRI MICHAEL G. PLUMMER, FAN ZHAI. The Trans－Pacific Partnership and Asia－Pacific Integration: A Quantitative Assessment, Washington: Peterson Institute for International Economics, 2012.

② SANGKYOM KIM. Korea and TPP: Options and Strategies[R]. Paper presented at CNCPEC Seminar "TPP and Its Implications for Regional Economic Cooperation", 2011.

TPP 中获得的福利收益有限，但是可以从"东盟＋6"中大幅获益；(9)中国参与东亚合作获得的福利收益完全可以弥补不参加 TPP 导致的福利损失。[①]

表 5　多种情况下 TPP 不同成员国福利变化情况

	Peter A. Peiri，Michael G. Plummer(2012)				Sangkyom Kim(2011)			
国家(地区)	TPP9	TPP13	中日韩	东盟＋3	TPP9	FTAAP	东盟＋3	东盟＋6
美国	0.03	0.06	0.01	0.01	0.67	0.03	0.00	－0.01
澳大利亚	0.03	0.15	0.01	0.00	0.92	0.16	－0.03	1.14
加拿大	0.00	0.11	0.01	0.01	0.02	1.71	－0.01	－0.02
智利	0.28	0.68	0.02	0.03	1.47	0.14	－0.01	－0.01
墨西哥	0.01	0.50	0.09	0.13	0.13	2.19	0.01	－0.02
新西兰	0.21	0.67	0.01	0.00	1.54	0.21	－0.03	1.61
秘鲁	1.36	2.19	0.01	0.01	0.83	0.10	0.00	－0.01
中国	－0.03	－0.08	0.11	0.42	0.01	2.24	1.81	1.83
中国香港	－0.01	－0.02	－0.06	2.94	0.00	3.09	0.00	0.00
印度尼西亚	－0.03	－0.09	－0.05	0.31	0.00	1.72	1.59	1.61
菲律宾	－0.06	－0.13	－0.15	0.81	－0.01	3.16	3.08	3.10
泰国	－0.06	－0.24	－0.24	0.97	－0.01	4.71	4.18	4.27
文莱	0.14	0.48	0.04	0.70				
日本	－0.01	0.54	0.44	0.64	0.00	0.74	0.59	0.60
韩国	－0.02	0.71	1.16	1.52	－0.01	2.99	2.70	2.76
马来西亚	1.43	2.21	－0.19	1.1	0.00	7.32	5.10	5.16
新加坡	0.07	0.28	－0.12	－0.08	6.67	0.41	6.68	6.72
越南	6.37	13.89	－0.42	5.2	6.08	4.52	7.09	7.15

注释："东盟＋3"指东盟 10 国＋中日韩(中国、日本、韩国)；"东盟＋6"指东盟 10 国＋中日韩澳新印(中国、日本、韩国、澳大利亚、新西兰、印度)。

因此，加入 TPP 并不是中国目前最好的选择，中国完全可以通过建立自己的自由贸易区及双边和多边合作的形式来克服由此带来的损害，实现经济全球化战略转型。

(三) 创建"金砖国家自贸区""上合组织自贸区"，领导全球经济

对中国而言，如果能够尽早参加 TPP 谈判，参与新国际贸易规则的制定

① 周良. 金砖依然闪光[N]. 人民日报(海外版)，2015－07－11(03).

固然很好。但是当现行条件不具备时，加入 TPP 并非中国当前的最好选择，中国完全可以通过与更多国家签订双边和多边自由贸易协议，建立类似于中韩自贸区、中澳自贸区等的区域自贸区，来抗衡和削弱美国主导下的 TPP 对中国经济的负面影响。

同时，中国不应拘泥于 APEC、中日韩自贸区、东盟自贸区的建设，还可以通过“亚洲基础设施银行”“一带一路”战略等，加强与更多亚洲国家的双边和多边自贸区建设。同时与亚洲、欧洲，乃至中南美洲国家之间加强经济合作，利用与非洲国家的传统友谊建立中非自贸区。此外，更为重要且可行的是，通过已经建立的金砖国家开发银行倡议建立“金砖国家自贸区”、通过上海合作组织建立“上合组织自贸区”等，瓦解美国、日本试图通过 TPP 遏制中国的意图。

首先，建立“金砖国家自贸区”。巴西、俄罗斯、印度、中国和南非的英文首字母 为“BRICS”，简称“金砖国家”。2014 年，金砖国家集团的国土面积占全世界的 30%，人口在世界人口总数中的比例超过了 42.6%，在全球国内生产总值中占比 42%，金砖国家之间的总贸易额是 6.14 万亿美元，占全球总量的近 17%。近十年来，金砖国家对世界经济增长的贡献率更是超过了 50%。国际货币基金组织（IMF）预测，2015 年金砖国家的经济增长将超过世界总量的 60%①。金砖国家具有大国特征，在国土面积、人口数量、资源总量及市场潜力方面的“大”，均为经济增长提供了有利条件。且它们都是新兴市场国家，具有发展多样性，走的都是“和平发展之路”。其共同目标是推动发展中国家的整体崛起、国际秩序民主化、世界经济均衡发展以及国际货币和金融体系改革。金砖国家走到一起，是国际关系发展的客观要求，是互利共赢的选择并符合国际社会共同利益。因此，在金砖国家开发银行的基础上建立“金砖国家自贸区”，将更有利于促进五国经济和中国自身经济的发展。

其次，倡议建立“上合组织自贸区”。上合组织本是一个反恐组织，但现已在教育、文化、经济等领域开展合作，加上新加入的印度、巴基斯坦两国，上合组织成员国人口总数约占到了世界总人口的一半，其影响力大大增强，由于突破了地域局限，使得上合组织的影响力能够拓展到南亚甚至更广阔的地域范围。假如能够建立“上合组织自贸区”，将为上合组织内部合作开

① 兰磊.反倾销制度的福利效果实证考察[J].国际商务——对外经济贸易大学学报，2013.

拓新的发展空间，并可与丝绸之路经济带建设、欧亚经济联盟建设互相推动、互相融合，共同拓展中国国际经济贸易的发展空间。

在过去的 20 多年当中，虽然中国一直是遭受反倾销调查和损害最大的国家，但是中国的经济却仍稳步发展壮大，成为全球第一大贸易国和第二大经济体。未来，即使 TPP 顺利达成，也很难阻止其中的众多成员国与中国建立双边自贸区的步伐，更阻挡不了中国经济高速发展的步伐。因此就当前而言，中国无需急于参与 TPP 谈判，而应拓展多领域其他形式的合作。中国通过"金砖国家自贸区"和"上合组织自贸区"的建立，就可以有效地减少与印度、巴西、俄罗斯等逐渐壮大起来的国家的贸易摩擦。同时，亚洲基础设施银行、"一带一路"战略、中—韩、中—澳、中—新等双边自由贸易协议，以及中国东盟自贸协议等都将使中国第一大国际贸易国的地位更加稳固。美国、日本试图通过 TPP 遏制中国的计划终将落空，中国主导下的新国际贸易规则也将逐步被世界所认同和接受，中国必将引领世界经济更好的发展。

第六章　贸易保护主义抬头

本章导读：2008年全球金融危机以来，贸易保护主义日益抬头，这在本书前文的反倾销案例的增长情况中有所反映。特别是从2016年开始，极端民粹主义在美国及欧洲的法国、葡萄牙、英国等老牌资本主义国家都日益猖獗。例如，奉行美国第一的特朗普当选美国总统、英国脱离欧盟、法国极右势力领导人勒庞差点当选法国总统。特别是美国的特朗普总统上台后，重启"301条款"对中国开展贸易调查、退出TPP、重谈北美自由贸易协定等一系列举措，让我们有理由相信美国即将掀起一轮又一轮的贸易战。为此，中国必须做好准备，迎接一切可能的挑战。

一、美国的对华贸易政策不明朗

贸易保护主义是特朗普政府的一个重要政策导向。"买美国货""雇美国人"、反对自由贸易、反对跨国企业转移就业、反对接受移民，是特朗普竞选期间的政策要点，也是他上台后努力推动实施的政策内容。尽管国际社会一直反对和批评，特朗普似乎执意要违逆美国长久以来奉行的自由贸易原则，不惜发动一场贸易战来改变现状。对很多中国人来讲，此事令人迷惑——很多人认为特朗普最近针对中国的各种政策(特别是启动所谓的"301条款")来自于美国对中国根深蒂固的敌意。但同时人们又很清楚地看到，特朗普对中国并无太多意识形态上的成见。

那么，在特朗普的贸易政策迷雾背后究竟是怎样的逻辑在起作用？如不深入理解这个逻辑，中国的应对会很容易迷失方向，滑入危险的境地。

(一) 贸易保护主义的吸引力

尽管特朗普的贸易保护主义比大部分美国总统都要赤裸得多，但他绝非是唯一钟情于保护主义的政治家。相反，几乎所有的政治家都对贸易保护主义青睐有加。

一个最近的先例几乎与特朗普政策如出一辙。在2009年，奥巴马总统上任伊始签署的第一项主要法案就是在 8000 亿美元经济刺激计划中加入“买美国货”条款，要求经济刺激计划所支持项目使用的钢铁和制成品应为美国生产。这项政策意在兑现奥巴马在竞选期间的一个重要竞选口号：“买美国货，选奥巴马！”众议院通过的方案把购买品限制在钢铁产品，但随后参议院走得更远，要求任何制造产品都必须来自国内制造商。

该法案在 2009 年 2 月初刚一通过就在全球引起轩然大波，被称为贸易保护主义的典型，备受抨击。美国国内的反对人士也担心，此条款恐使美国公共建设支出增加四分之一，甚至可能引发全球贸易大战。在法案通过之前，欧盟和经合组织就已经表示强烈抗议，并扬言会共同抗击该条款甚至进行报复性行动。其他国家，例如加拿大等也都表示强烈抗议。中国当时也表示，购买美国货相当于饮鸩止渴。

在这种内外压力下，对此法案欢欣鼓舞的奥巴马最终屈服，为法案附加修改条款，将法案内容由原来的购买所有本土制造产品稀释为仅适用于购买美国制造的钢铁产品。

为什么是钢铁业独享保护？因为，钢铁业长期以来被称为美国经济的“脊梁”，在美国政治家和民众当中享有独特的优越地位。但自 20 世纪 70 年代以来，美国钢铁业深受日本、德国、中国、韩国等国家的冲击，日渐难以维持。

在奥巴马之前，小布什总统在 2002 年同样采取保护主义措施拯救美国钢铁业。当年 3 月，小布什签署行政命令，将进口钢铁产品的关税临时性增加 30%。依照计划，该命令有效期持续到 2005 年。此行动明显违背 WTO 条款，因此招致国际社会的反对。WTO 立即开始进行调查。2003 年底，小布什提前取消该命令，宣称政策获得成功。

虽然以钢铁业为代表的美国制造业不断受到政治家的保护，但每一次的政策出台都受到多方抨击。而经济学家的抨击尤其尖锐，指出这些政策不仅无益，而且有害。

以奥巴马的“买美国货”条款为例。美国彼得森国际经济研究所的一份报告为该条款的潜在后果做了如下估算：

如果该条款完全被落实（这本身是很困难的事情），美国钢铁制造业将成功保留 1000 个就业机会。如果该法案按照最初的设想，保护整个美国制造业，被保留的就业机会将会是 9000 个。这究竟是多大的一个成就？美国的制造业总体上有 22 万个岗位，而美国的总体劳动力数量是 1.4 亿。换句话说，从该法案获益的工人数量占比微乎其微。

而该法案的负面影响则宽泛得多。首先，因保护而价格升高的钢铁产品会冲击钢铁消费产业，例如汽车、建筑业、铁路、工具制造业等大量行业，引发这些产业的成本攀升，导致削减劳动力。服务业也可能受到间接影响而削减雇员。美国的出口产业也会因成本上升受到打击。

同时还有来自其他国家的报复政策。例如 2007 年以加拿大、英国、日本、中国为主的 12 个贸易国从美国购买的钢铁总额为 10400 亿美元。根据计算，这些数额直接和间接带来的制造业就业机会为 6192 个。如果这些国家采取全面性报复政策，假设他们把从美国的总进口额削减 10%，就可以让美国丧失 6.5 万个就业机会。

不止如此，以上只是短期内在就业方面的明显负面影响。长期来看，保护政策造成的价格上扬使公共部门需要负担额外财政支出，自然会相应削减他们在公共服务方面的支出，例如道路和学校的维护建设。美国出口业由于成本提升而丧失海外市场竞争力，长此以往将导致不断缩减；美国民间钢铁消费者也转向更廉价的国外产品。一旦这些市场结构形成，就会形成路径依赖，难以扭转。而这些市场结构的改变都会影响劳动力的转移，进一步造成制造业萎缩。

以上讨论仅仅局限在产业结构上面，并未触及更为重要的一个层面——美国消费者作为美国经济的基础。以小布什的 2002 年钢铁进口关税为例。根据一项计算，在 2002 年 3 月到 2003 年 12 月期间，美国钢铁业从该保护政策中获利 23 亿美元，挽救了 7300 个就业机会。但与此同时，美国消费者因为上述各种原因带来的价格上升需要额外支出 62 亿美元。

在钢铁业的 23 亿额外利润和消费者的 62 亿额外负担之间，保护主义伤害的是美国市场的健康。美国经济以消费经济为主导，美国人也以美国消费者的巨大购买力为荣。但是这额外的 62 亿美元的负担损害的是美国消费者的购买力。

（二）保护主义背后的政治逻辑

为什么美国政治家不在乎这些统计数字和经济理性？为什么美国民众以及那些受伤害的国内产业，无力阻挠这些看起来至少对经济学家而言具有自杀性倾向的保护政策？

一个简单的答案是，对于以上所讨论的内容，大部分政治家真的不懂，即便他们配备了最优秀的经济学顾问。但更重要的原因是，政治家遵循的是政治逻辑。

首先，以 2002 年钢铁关税为例，为什么小布什要在 2002 年 3 月签署进口钢铁关税命令，又在 2003 年底提前两年取消？答案是 2002 年下半年的中期选举小布什需要为共和党争取选票。

其次，为什么是钢铁业而不是其他制造业？因为钢铁产业集中在几个对选情至关重要的摇摆州——俄亥俄、宾夕法尼亚、西弗吉尼亚。

再次，为什么其他受到负面影响的州会允许这种政策出台？如上所述，因钢铁价格上升，某些产业会受到打击，而这些产业也可能会集中在某些州，例如以汽车业为主的密歇根州、以建筑业为主的田纳西州等。为什么小布什不在乎这些州的损失？因为这些州并非“摇摆州”，他们的选票去向没有悬念，不会因为这项政策而发生根本变化——本就是传统“蓝州”的密歇根州只会更加倾向于民主党，而忠诚于共和党的田纳西州也不会因为这样的伤害而倒戈。

那么为什么会提前取消关税？因为中期选举结束后，这些政策的意义就不同了。该政策持续近两年，足以让小布什标榜自己为美国钢铁业的维护者，而 WTO 的诉讼案从正式发起诉讼到出台惩罚性判决需要持续两年左右。因此在 WTO 于 2003 年 11 月 11 日宣布将对美国实施 20 亿美元的惩罚（WTO 有史以来最大的一项惩罚）后，小布什于 12 月 3 日宣布取消该政策，宣称他已经让美国钢铁业和依赖钢铁的其他行业都获得足够的时间来完成自我调整，因此圆满完成任务。既让美国避免了 WTO 的惩罚，又获得了政治资本，此政策可谓一举两得。事实上 WTO 也宣称是自己的压力导致美国提前退让，也是皆大欢喜。

最后，为什么消费者不去反抗？美国消费者额外承受的 62 亿美元和美国的总体经济健康状况受损该由谁来负责？这个答案其实更为简单。以美国 3.1 亿消费者计算，每个消费者平均承受的额外损失是 20 美元，并且是以近两年时间为期来计算，因此很难有人亲身感受到。

同样，保护政策在让某一个行业获得巨大利益的同时把损失铺开到若干个行业中去，从而使这些行业能够发起抗议的意愿减弱。这些行业越多，能够形成抗议力量的能力也越弱。相比之下，3.1 亿消费者为 20 美元的损失形成集体行动的可能性更是接近于无。

政治经济学家称这个现象为“看得见的受害者”与“看不见的获益者”之间的较量。在本书的讨论中，“看得见的受害者”是钢铁业，“看不见的获益者”是美国消费者和其他得益于廉价钢铁产品的行业。获益或受害的背景是自由市场。在政治逻辑的推动下，“看得见的受害者”往往获胜，因为他们的痛苦显而易见——谁看到一个破败关门的工厂和一群抗议的工人而不会感到同情？相比之下，很少有媒体会热烈追踪报道那些从自由市场中获得好处的企业和那些消费者，这些获益者也没有兴趣劝说别人到大街上为20美元的额外消费而抗议。

除了这个被奥尔森的《集体行动的逻辑》一书详细解释的原因之外，在政治家的任务表上，最为迫切的日程选项从来不是经济的长远发展和市场的健康，而是如何让那些正在被市场挤压的产业和企业脱困，让那些失业或面临失业的工人保住他们的饭碗。对于政治家来说，保护就业从来都是头等大事，并且需要在非常短的时期内完成。经济学家可以奢谈市场调节、产业转移，但政治家很少有这样的时间窗口。这也就是为什么主张政府介入的凯恩斯会争辩：“长期来说，我们都将死去。”

（三）国内观众 vs 国际敌人

即使凯恩斯也会承认，政府介入有众多选项，保护主义是最蠢的一种，如上解释，也需要另文详述。但是对于政治家来说，贸易保护主义符合直觉，道义上无可指责，执行起来简单干脆，效果立竿见影。用更为符合市场原则的政策，例如针对特定产业而实施的产业转型补贴、转岗培训等方式耗时耗力，收效缓慢，而且带来的政治宣传效果有限。

换句话说，经济学上的不正确不等于政治上的不正确。关键在于，这个政策的听众是谁。批评者总是从经济学的逻辑出发，自由贸易主义者甚至从维护国际经济秩序的逻辑出发来反驳贸易保护主义，显然误解了政治家的角色。

政治家做决策类似于演员的表演。认清观众至关重要。贸易保护主义政策的观众是国内大众，也就是民粹主义的受众。这些观众需要看到的是一个愿意挺身为普通大众利益出头的英雄。只要这种印象得到满足，其行为方式可以商榷甚至忽视。同时，这个表演还需要一个攻击对象，一个共同敌人。外国或外国人，或者和外国人有利益关联的本国人，往往是最好的选择，成为观众不满的发泄对象。

在国内形势恶化之时，政治家对国际贸易伙伴的攻击也变得激烈。越是贸易联系密切的国家越容易成为攻击目标。这也就部分解释了为什么特朗普不遗余力地攻击中国和德国，却对俄罗斯情有独钟——因为俄罗斯与美国的贸易几乎可以被忽视，难以成为攻击目标。

在这种情形下，针对特朗普这样的政治家进行理性的解释和劝说几乎无用。这并不意味着贸易对抗应该成为一个选项，让中国真的变成美国民众眼中的敌人。必须认识到，在攻击这些贸易伙伴时，特朗普们是在面对着他的国内观众表白宣誓。各国除了加强合作，巩固多边国际贸易体系的抗压能力外，真正需要对付的并非是特朗普们而是他的国内观众，需要懂得如何让他的国内观众消除敌意。这是一个棘手的任务，除了适当适时的利益让步，加上宣传技巧，让特朗普们用最小的国际成本来获得足够的炫耀机会，更重要的是中国本身的市场改革。

今年 4 月，美国荣鼎集团(Rhodium Group)和美中关系全国委员会联合发布的报告显示：从 2010 年至 2015 年，中国对美 FDI 年均增长 32%；2016 年更同比飙升 200%，达到 460 亿美元，突破 2015 年创下的 150 亿美元的纪录。和 2009 年相比，2016 年中资企业在美创造的就业数量增长超过 9 倍，已达 14 万个工作岗位。目前，中企赴美投资的足迹已遍布全美 425 个国会选区，仅剩十个选区未见中国投资者的身影。美中关系全国委员会主席斯蒂芬路欧伦斯(Stephen Orlins)在报告的前言中写道："这些数据充分表明，中国对美投资是对现任美国政府创造和保护就业政策的有益补充。"他还表示，"若中美双方领导人能克服两国市场之间的监管和政治障碍，这些投资将有足够空间实现进一步增长"。

这些数据说明中国本身的市场改革是改变中国在美国形象的根本前提，如德国和日本早期所经历过的。为中国企业进一步松绑，激发创新能力，充分挖掘美国的市场潜力，进一步推动美国经济的复苏，同时鼓励中国企业改善企业经营管理模式，用更符合国际标准的方式赢得美国民众的认同，是对抗特朗普们最好的武器。

二、突然炮轰中国，前所未有的威胁，经济战一触即发

2017 年 9 月 20 日，美国首席贸易谈判代表莱特西泽在华盛顿发表讲话，炮轰中国，说中国给全球贸易体系带来前所未有的威胁，语气极尽污蔑。

1. 说当前的环境下，只有一个挑战比以往更艰巨，那就是中国。

2. 中国联合起来发展本国经济规模，给予补贴，扶持国家龙头企业。

3. 中国强制技术转让，扭曲中国乃至全世界市场。

此人是特朗普的内阁成员，而且一直以打贸易战著称，所以他发表这类

言论不足为奇。他曾经在里根政府担任过贸易代表，推动签署了《广场协定》。《广场协定》非常著名，就是强迫日元升值，导致了日本泡沫极度膨胀，后来突然瓦解。历史上研究经济的学者大多认为，日本经济毁于《广场协定》，《广场协定》埋下了日本危机的伏笔，导致日本失去几十年。可以说，特朗普启用莱特西泽这一贸易战的鹰派人物，还是希望他能像对待当年的日本一样对待中国。之前他已经发声，威胁要对中国打经济战，但是沉寂了一段时间，目前又开始发声，是有深刻原因的。

1.前段时间，特朗普焦头烂额，主要动作是禁穆令、医改、税改、退出巴黎气候协定等，而这些最重要的政策无一顺利推进。

2.特朗普深陷通俄门调查，这让特朗普分散了很多注意力和精力，特朗普不敢在这个时候对中国发动贸易战，因为会在国内外树敌过多，战线拉得过长。

3.白宫内部鼓吹和中国大打经济战的标志性人物班农离职，导致白宫内部反中国的力量大大削弱。

4.朝鲜发射导弹和核武器爆炸，给美国带来了巨大的压力，特朗普需要处理朝鲜问题，也需要中国的配合和帮助。

正是因为前段时间特朗普和美国可谓内外交困，想和中国打经济战也力不从心，但是特朗普最近又开始将心思瞄准了中国：

特朗普以国家安全为由，否决了中资背景的公司对美国半导体公司的收购；之前美国贸易代表办公室正依据“301 条款”对中国有关知识产权进行调查；散播中国经济威胁论。

我个人认为，特朗普以及班农一直是想和中国打贸易战的，但是因为特朗普和当前的美国内外交困，最终大的贸易战很难打起来。但是特朗普及其内阁会不断散播有关贸易战言论，给中国施加一定压力，希望中国在某些问题上让步。现在的特朗普更需要支持他的朋友，而非敌人。中国对特朗普可谓仁至义尽，在美国内部、欧洲反对特朗普的声音高涨之时，中国一直表示沉默，没有针锋相对。特朗普总是对中国报以一定的威胁性语言，但是实质性的贸易战一直没有打出，至少目前时机未到。

一旦特朗普和中国大打贸易战，那么损失最大的应该是美国。这几年中国的战略布局已经充分考虑到可能发生的中美贸易战，并已做了一定的应对准备，包括“金砖国家自贸区”“一带一路”等都在推进。默克尔和特朗普的分歧巨大，尤其是特朗普明确表示要退出巴黎气候协定后，欧洲也成了中国博弈力量的支持方，至少在经济方面，这也能化解一部分可能的贸易战不利后果。

不研究经济，你不会明白现在中国的经济是多么庞大，增长潜力是多么惊人，一点都不用怀疑中国在经济上会赶超美国，这不是自大，而是有绝对的信心的。

无论美国怎么叫嚣打贸易战，都无法阻止中国经济的前进，因为这里有全世界最勤劳的人，而且互联网技术、高科技技术正在被迅速广泛地应用。勤劳的人说明劳动量在增加，新技术的广泛应用说明劳动效率在极大提高，只要有这两点保证，中国经济就必然赶超美国，经济增长就是这么简单，只看这两点就够了。

看看高铁和移动互联网支付的广泛应用，中国经济情景可见一斑。而美国的高福利以及庞大的债务是难以支撑当前的经济发展的，美联储的 QE 固然在支持，但是对美国经济的内在损害巨大，拉低了货币效率和经济效益。我们唯一需要注意的是，避免和美国签订类似《广场协定》的任何协议，避免刺激资产泡沫高涨之后又放开资本管制，这会重蹈日本的覆辙。只要避免了这一点，中国经济的未来必然是万丈光芒！

第七章 现代区域自贸协定与传统贸易规则的比较研究

——警惕后 TPP 时代的中美贸易战

本章导读：传统贸易同盟主要集中在关税减让和非关税壁垒的消除上，而现代区域自贸协定（以 TPP 为例）除了在成员国之间降低关税和消除非关税壁垒外，还涉及努力提高成员国的生产和供应链管理、劳工和环境保护、知识产权保护、原产地规则、国有企业改革、政府采购等领域。区域自贸协定可以促进成员国资源和商品的自由流动，有利于成员国的经济发展和社会福利的增加，而对非成员国有贸易转移和优惠减损的作用。作为现代自贸协定代表的 TPP，特朗普领导下的美国的退出，使之前途未卜，但其多年谈判所形成的条款对中国发起的"一带一路"战略，对中国领导和发起的"区域全面经济伙伴关系协定（RCEP）""金砖国家自贸区""上海合作组织成员国自贸区"等区域经贸一体化建设，对中国正在进行的产业结构调整、供给侧改革、国有企业混合所有制改革等都具有非常重要的指导意义。同时，中国也应借此引领全球经济贸易新秩序的建立。

2016 年 2 月 4 日，作为 TPP 的带头大哥，美国奥巴马政府带领 12 个太平洋周边国家就"跨太平洋合作伙伴关系协定（TPP）"签订正式协议。正在很多人为中国担忧，认为奥巴马政府历经八年所推动的 TPP 就是要重建国际经贸新秩序，遏制正在崛起的中国的时候，上台不到三天的特朗普总统正式签署法案宣布美国退出 TPP。特朗普为什么要退出 TPP？中国又如何应对"美国第一"、反全球化的特朗普领导下的美国政府呢？

从资源要素的自由流动、资源的有效配置以及市场的深度融合角度看，区域经济的一体化，或者说区域自由贸易区的建立有利于参与国经济政策的协调，开展高水平、深层次、大范围的全面经济合作，对区域内的成员国有利，当然，对区域外的国家的影响却是负面的。格罗斯曼（Grossman）和赫尔普曼（Helpman，2002）认为，经济的规模效应与竞争效应、资本的集聚效应以及资源的配置效应等可以带动自贸区成员国经济的增长。爱德华（Edward，2001）证实FDI有助于东道国的资本形成及促进东道国经济增长。斯温森（Swenson，2004）实证分析了部分经济合作组织国家在美国的直接投资会对美国进口产生的影响。吴力波和汤维祺（2010）研究证明区域经济一体化可以通过国际贸易途径促使其成员国经济的增长。王开和靳玉英（2014）证明了中国与贸易伙伴国缔结的自由贸易区所带来的出口贸易效应。

为了适应经济全球化，也是为了应对美国早期发起的TPP、TTIP等的挑战，实现本国经济的可持续发展，中国提出了共建“一带一路”战略，并广泛开展与周边国家建立双边自由贸易区，且正在研究发起建立“金砖国家自由贸易区”和“上海合作组织自由贸易区”等区域自贸区。同时，这些自由贸易区的建立应当有别于传统的自由贸易区概念，TPP给我们提供了很好的范本，虽然没有美国参与的TPP已经失去了它原本存在的政治价值，但其十多年谈判所形成协议条款和理念非常值得崛起中的中国加以借鉴和研究。这也是本书研究的价值所在。

任何自由贸易协议的签署在推动区域贸易增长上都起着不可忽视的作用，假如TPP真能够建立，到2030年，该协议能使成员国的GDP平均提高1.1%。但是，TPP对于世界的有益之处是有限的，因为它对非成员国有贸易转移和优惠减损的作用，特别是对世界第一大贸易国——中国的影响实际是负面的。同时，TPP对其中大多数成员国特别是其中的发展中国家的经济增长和社会福利的好处都很明显，而对美国经济和社会福利的促进作用却微乎其微，甚至与特朗普提出的“美国优先”战略背道而驰，这也是特朗普政府退出TPP的原因所在。

一、现代区域自贸区与传统贸易协定的区别

在过去近20年里，商品和服务贸易得到迅速增加，如图1所示，世界贸易总量从1990年的8.7万亿美元上升到2014年的超过46万亿美元。贸易总量占全球GDP的比重也由1990年的39%增加到2014年的60%，贸易在经济发展中的地位得到凸显（世界银行报告2015），国际贸易的商品和服务贸易量迅速增加。2008年的全球金融危机导致贸易量增速减慢。但是，欧盟、北美自由贸易区、东盟等区域经济同盟却在此过程中得到了很好的发

展。因此，当时的奥巴马政府从 2008 年开始发起并主导了 TPP、TTIP 谈判，试图建立不包含中国在内的区域经济自由贸易区。

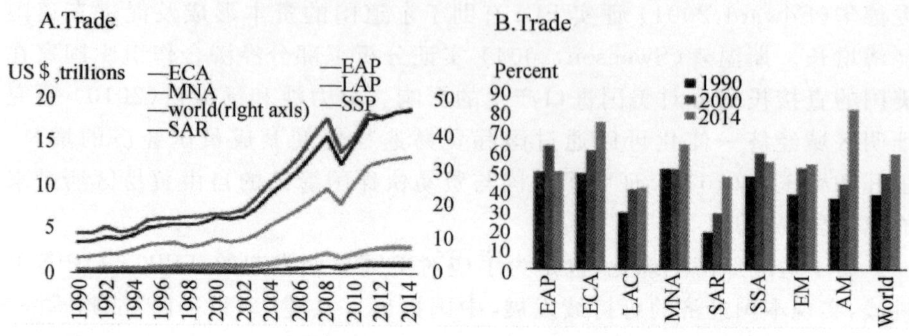

来源：世界银行——2015 年世界发展指标。

图中：A. EAP = 东亚及太平洋国家，ECA =欧洲及中亚国家，LAC = 拉丁美洲及加勒比国家，MNA = 中东和北非，SAR = 南亚，SSA = 非洲撒哈拉以南地区。区域总量包括高收入、发达国家和欧盟。

图 1　全球贸易增长示意图

TPP 作为全球几个主要区域自由贸易协定之一，它涵盖了如何解决影响全球货物和服务贸易流动障碍问题，例如关税、人员流动限制、知识产权、国有企业、投资和其他相关领域的问题。这些领域涉及正常贸易和投资方面的限制、繁琐和不一致的法规、多样的知识产权保护法规、不同的劳工和环境标准，具体到小型和中型企业的划分，甚至涉及由于数字技术的迅速发展所带来的新的挑战。但是，TPP 虽然允许成员国扩充来拓宽贸易覆盖率，而大多数成员国的最大贸易合作伙伴——中国和韩国却被排除在外，这正是 TPP 的致命缺陷。

（一）现代区域自贸协定（以 TPP 为例）的主要特征

通过降低关税和放宽非关税的限制，现代自贸协定（TPP）将会扩大成员国之间的市场准入。非关税措施是一种涵盖面很广、对贸易造成障碍的非关税措施，表现在进出口许可证、海关估价、歧视性标准、检验检疫、原产地证明、投资管理和政府采购等方面。现代自贸协定（TPP）将会促进供应链管理的整合，通过鼓励各国在区域内做到标准和法规的统一。

1. 关税和非关税措施

即使现代自贸协定（TPP）中许多成员国之间还存在少量的关税和限制性措施，但是相对于历史和国际水平来说已经很低了。在现代自贸协定

(TPP)的谈判中,确定随着时间的推移将会取消几乎所有成员国之间的关税,包括非常高的美国进口的烟草关税(高达 350%)。同时,还将降低与大量的非关税措施有关的贸易壁垒(如图 2)。

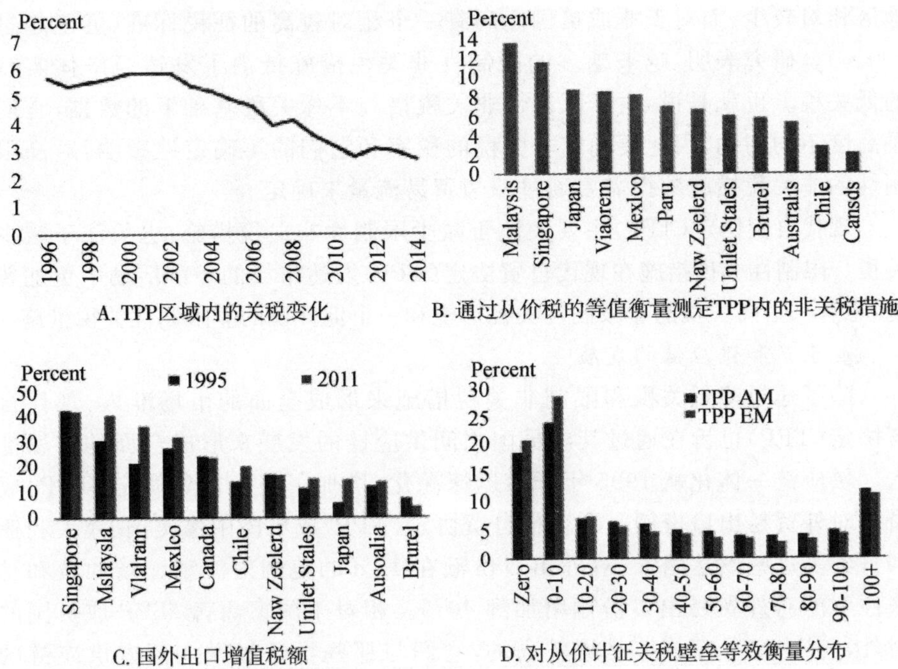

A. TPP区域内的关税变化

B. 通过从价税的等值衡量测定TPP内的非关税措施

C. 国外出口增值税额

D. 对从价计征关税壁垒等效衡量分布

来源:WTO 贸易协定数据库。

说明:D 图中 AM = TPP 中高级市场经济国家(澳大利亚、加拿大、日本、新西兰、新加坡、美国)。EM = TPP 中新兴市场经济国家(文莱、智利、马来西亚、墨西哥、秘鲁、越南)。

图 2　TPP 的主要特征示意图

由上图可以看出,正因为现代自贸协定(TPP)国家之间自由贸易协定的扩散,从而导致全球关税的普遍降低。例如,从 1996 年以来,跨太平洋合作区域内的成员国之间的平均关税早已减半,即从 1996 年的 5.6%降到 2014 年的 2.2%。越来越多的现代自贸区国家通过签署区域自由贸易协定来降低区域贸易障碍,表现为北美自由贸易区、东盟自由贸易区、东盟与澳大利亚和新西兰自由贸易区、东盟与日本以及 P4 协议等。

然而,所谓的平均关税并没有包括一些高关税的个人物品,这些产品关税往往超过 15%,有时候甚至达到国际最高关税税率,其目的是为了保护国内产品的利润或国内产业(UNCTAD,2000)。在美国和加拿大,最高关税税率达到3%～5%，相对于零关税的秘鲁和智利，一些发达国家在某些项目上仍然要征收高额的关税。

在现代自贸协定（TPP）成员国之间，传统的关税和非关税措施较之其他地区相对较少，而对于非成员国之间有一个相对较高的征税标准（甚至超过100%）。研究表明，越来越多的限制性非关税措施抵消了发达经济体实行的低关税。也就是说，由于限制性非关税措施不像关税基础下的数据，它们是高度不均匀的，因此要确定非关税的税率和它们的不确定性影响，对高限制性的非关税措施数据需要通过双边贸易流量来确定。

现代自贸协定（TPP）主要关注于减少限制性非关税措施，也关注于减少关税。限制性关税措施在现代自贸协定（TPP）发达市场的经济活动中更加普遍，总有一个高征税的非限制性关税措施和一个低征税的非限制性关税措施。

2. 生产和供应链的发展

除了通过降低关税和限制非关税措施来形成全面的市场准入，现代自贸协定（TPP）也旨在通过其成员国之间供应链的发展来形成全面的市场准入。供应链一体化从1995年开始迅速深化，增加了现代自贸协定（TPP）成员国对外贸易出口份额。在现代自贸协定（TPP）成员国中像美国、澳大利亚和日本等这些发达国家，对外出口份额在15%的范围内波动。新加坡和马来西亚的对外贸易出口份额增加到40%。相对于国家而言，TPP成员国的对外贸易出口份额总体是比较高的，它们与那些早已经融入西方供应链的东欧国家的对外出口份额保持在同一条水平线上（OECD，2015）。发达国家的企业专业知识——不管是在供应链营销的末端还是处于供应链另一端能够提供关键生产技术的企业，它们的专业知识水平能够对复杂但有价值的供应链的发展做出杰出的贡献（Humphrey and Schmitz，2002；Kowalski et al，2015）。相对的，供应链也会相应地创造相互依赖性，加快国与国之间总贸易量的传输。

供应链管理涉及不同区域生产决策如何做到密切协调的问题，要解决供应链管理发展中遇到的瓶颈，需要依赖于找到一个能快速可靠地解决运输货物、企业投资和信息传递的方法。通过对物流、信息流的控制将供应链放到一个外部节点之间能够无缝连接的一体化经济中，来相应加大中间产品和服务的贸易量，加大国外投资的政策。研究表明，最终连成整体功能的网络结构离不开高质量的后勤、运输、金融和咨询服务，因此劳工服务行业规则极其重要。

现代自贸协定(TPP)也包括可能会对影响生产和贸易发展的社会和环境做出相应的规定。

3. 劳工和环境

劳工和环境可持续性发展标准一直是政治上争论的热点。公民权利和环境可持续性发展问题在政治上被视作隐形的保护主义和对竞争的限制。现代自贸协定(TPP)向国际劳工组织寻求帮助,要求一国法律与国际标准相一致,并且要求严格执行。环境标准在非法野生动物走私、伐木和捕鱼方面都做了相应的说明,环境标准还对保护生物多样性、保护臭氧层不受破坏,以及保护环境产品和服务做出了规定。

4. 知识产权

现代自贸协定(TPP)在某些方面优于世界贸易组织中与知识产权贸易有关的协定。它要求对非法商业开发的版权作品进行处罚,减少网上非法版权的上传并对版权作品加强保护。但 TPP 上对知识产权的规定也有一些极具争议:支持知识产权保护的人认为加快投资革新、严厉的规则和强大的执行力是非常有必要的,而反对知识产权保护的人认为其扼杀了创新,并且会产生一定的垄断租金,担心加大知识产权保护的相应产品成本费用会提高。

在现代自贸协定(TPP)中,劳工和环境协调标准可能会对参与制定的成员国来说有重要的影响,例如马来西亚、墨西哥、秘鲁和越南。这种协调不仅仅使产品标准达到生产工艺标准,还对社会和环境产生效益,它也能够影响国内那些没有符合标准的企业之间的竞争。与贸易有关的产品标准往往只应用于那些发往特定地区的特定产品,并且企业还能选择是否采用这个标准。然而,劳工和环境标准应用于全球所有的产品,包括成员国消费的产品、现代自贸协定(TPP)非成员国家的产品,还要对其实行强制性法规限制。

一些更广泛的规定,例如在劳工、环境、制药和国有企业的监管规定等方面可能需要深层次的改革。因此,对于成员国来说这是一个艰难的调整,这些规定的改革如果全面实施的话,将能再一次产生重大的影响。比如国有企业改革,可能会产生显著的生产力效益。加强劳动和环境保护的规定不仅仅会减少竞争,还能促进 GDP 的增长,同时,也能实现其他监管目标。类似的,其他自由贸易协定的签署往往也需要通过对非成员国减少关税来实现,非成员国国家政策变动也可以加大现代自贸协定(TPP)带给它们的好处。

(二) 现代自贸协定(TPP)与传统贸易协定的区别

在世界贸易体系中,制定国际贸易规则已经从全球性发展到双边、区域、甚至部门贸易协定区。乌拉圭回合谈判重大成果是在 1994 年成立了更具全球性的世界贸易组织(WTO),此次谈判主要在关于减少制成品关税方面达成统一,同时还涉及其他领域,如农产品、服务贸易、知识产权等。但是监管障碍、现代服务贸易、跨境投资(涵盖在服务贸易总协定中)和知识经济(与贸易有关的知识产权协定,包含知识经济的主要方面)等这些复杂的贸易问题依然是影响多边贸易体制发展的制约因素。因此,更加需要通过扩大双边或者区域协作来解决这些制约因素。所以说 WTO 在 2000 年以前只有少数成员国,然而到 2014 年成员国爆发性地增加到 266 个(如图 3)。

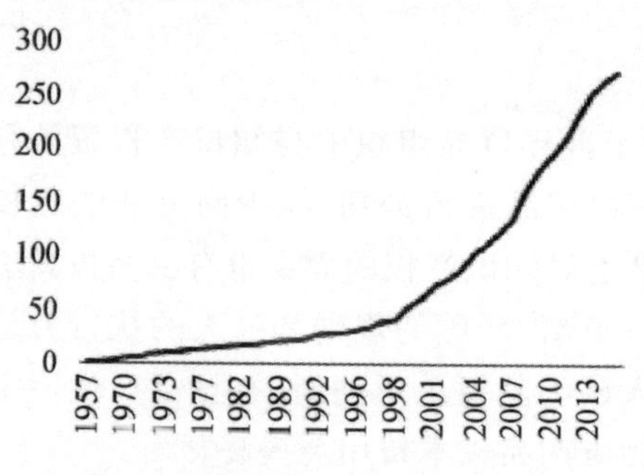

A. 区域贸易协定数量

B. 主要的区域贸易协定所达到的GDP、贸易量

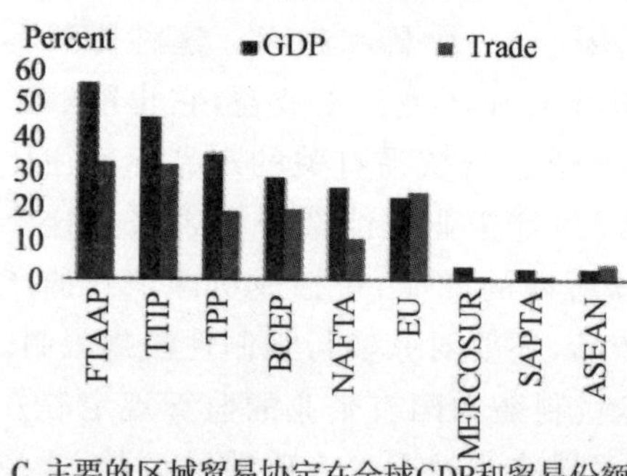

C. 主要的区域贸易协定在全球GDP和贸易份额

D. 内部区域贸易

来源:WTO 贸易协定资料,世界发展指标,WITS 数据。

说明:B 中. 区域贸易协定是两个或两个以上的成员之间的互惠贸易协定,包括自由贸易协定和关税同盟。

C、D 中,SAPTA 南亚特惠贸易协定;ASEAN 东南亚国家联盟; EU 欧盟; NAFTA 北美自贸协定;RCEP 区域全面经济伙伴关系; FTAAP 亚太自由贸易协定;TPP 跨太平洋伙伴关系协议;TTIP 跨大西洋贸易协议。

图 3　区域贸易协定的重要性

由图中可以看出，区域贸易协定数量在逐年增加。与此同时，对自由贸易协定有了更加深刻和全面的理解。这些自由贸易协定取消市场准入限制，甚至先前在国内被认定为敏感性的产品也允许准入，有些条款内容远远超出了世界贸易组织的标准。

具体措施包括以下内容：

(1)涵盖了所有行业的有关贸易自由化的不准进口，清单除了有详细列明的，相对于服务贸易总协定下所有行业准许进口的货单；

(2)网络和数字商务新规则；

(3)国家对待外国投资者的方法，也包括前后期关系的建立；

(4)通过标准原则精简法规；

(5)用比知识产权协议更加综合的规则和更强大的执行力度进一步加强对知识产权的保护；

(6)政府采购承诺(涵盖在世界贸易组织多边政府采购协定中)；

(7)国有企业竞争保持中立；

(8)劳工及环境法规；

(9)在协定中包括如何提高解决纠纷效率的问题；

(10)双边与区域贸易协定。

在 20 世纪 90 年代至 21 世纪初，双边和区域贸易协定激增，其中以欧洲单一联盟(EU，建立于 1993 年)和由加拿大、墨西哥、美国构成的北美自由贸易协定(NAFTA，建立于 1994 年)为代表。这些协议的前身是建立于 1957 年由 6 个国家组成的欧洲经济共同体，以及建立于 1987 年的加拿大—美国自由贸易协定。

在 20 世纪 90 年代建立的其他双边与区域贸易的协定还有：

(1)南方共同市场：最初由 6 个国家于 1991 年在拉丁美洲建立。6 个国家分别是阿根廷、玻利维亚、巴西、巴拉圭、乌拉圭和玻利维亚共和国。

(2)南亚优惠贸易协定：最初于 1993 年签署，随后此协定在 2004 年发展成为南亚自由贸易协定，并且成员国扩大到 8 个南亚国家，包括印度和巴基斯坦。

(3)东南亚国家联盟(ASEAN)：于 1992 年签署，现在这个协定的成员国已经发展到 10 个东亚国家，包括印度尼西亚、马来西亚以及泰国。

到 2015 年，全球双边与区域贸易已经有 274 个。其中，成员最多的欧盟有 28 国，而北美自由贸易区在全球双边与区域贸易协定中 GDP 和贸易总量占比最大。这两个协议的成员国家总体占全球 GDP 的 50%和全球贸易的 37%。欧盟和北美自由贸易区在区域内贸易量也是最大的。欧盟内部贸易占欧盟总贸易量的 60%,北美自由贸易区的内部贸易占去其总贸易量的 41%。相比之下,其他的双边和多边贸易协定的 GDP 和贸易总量都少得多(见图 3)

因此,欧盟和北美自由贸易协定虽然是区域性贸易协定,但是它们具有系统性、全局性的影响。换言之,它们对贸易规则产生强烈影响,贸易流量也超出了它们所在的领域。

早期的贸易协定的建立仅仅是为了减少关税,随着时间的推移,它们的目的逐渐发展成为取消贸易壁垒、发展区域经济。最近的区域谈判,从一开始就探讨更加宏大、深刻、全面的问题。除了 TPP 之外,一些新的区域贸易谈判例如跨大西洋区域自由贸易协定(TTIP)、东亚自由贸易协定等也正在进行之中。

早期区域贸易协定的目标主要集中在减少关税,而现代自贸协定(TPP)则更专注于取消关税壁垒甚至实行零关税措施,同时减少非关税壁垒。目前,在亚洲有相当多的成员国正在同时讨论参与三项区域贸易协定:(1)区域全面经济伙伴关系(RCPE),这是一个由 16 个成员国组成的亚洲经济统一体;(2)存在于欧盟和美国之间的跨大西洋区域贸易和投资合作协定(TTIP);(3)亚洲自贸区,它规模更大,也很早就进入了由 21 个成员国组成的亚太经济合作组织的讨论范围。这是一些重叠度很大的贸易成员国。金砖国家自贸区、上海合作组织成员国自贸区也都在酝酿建设之中,而"一带一路"战略的实施又是现在自贸区的高级形式。

(三) 现代自贸协定(TPP)带来的机遇与挑战

现代自贸协定的增加也引起了全球大辩论:即给成员国和非成员国所带来的利和弊的辩论。

1. 有利于成员国

现代区域自贸协定对伙伴国开放市场,形成一个更有效的分工,加快了技术溢出和相关产品的发展("trade creation", Hoekman and Javorcik 2006, Blyde 2004)。越来越多的文献认同区域贸易协定促进成员国的经济(BacciniandUrpelainen, 2014a,b)。例如,欧盟内的许多国家随着欧盟的扩大进行了一系列的经济金融监管改革(Schonfelder and Wagner 2015; Staehr 2011;Mattli and Plumper 2004; Milner and Kubota 2005)。同时,区域贸易自由协定也随着自由化改革而不断扩大(Baldwin and Jaimovich, 2010)。例如,欧洲一体化到目前为止也从最初的6个成员国发展到现在的28个成员国(英国正在谈判退出)。北美自由贸易区在美国和加拿大之间增加了一个协议,虽然它本身不再扩大,但是在成员国和第三方之间产生了一系列新的贸易自由化协议,特朗普政府也一再威胁退出北美自贸区,但这只不过是他增加谈判筹码的策略而已。亚太经济一体化进程也将跟随这条道路。

国际贸易组织政治经济学研究指出,区域贸易协定还会带来其他方面的积极影响。多米诺理论针对区域性的解释是:随着区域贸易协定的增长,潜在的合作伙伴通过加入区域贸易组织会受益更多,因此必须采取更加合理的交易方式来确保加入其中(Baldwin,1993)。这个理论倾向于区域贸易组织应不断接纳新成员(McCulloch and Petri,1997)。区域经济集团将会产生群聚效应。例如欧盟会吸引更多的还未加入任何组织的国家加入其中,其贸易政策将会对潜在成员国的制度改革起到一定的借鉴作用(IMF 2003)。除此之外,区域贸易协定的改变也会带动世界贸易组织的变革。

2.成员国和非成员国之间的障碍

虽然区域贸易协定对成员国产生重大利益,但同时非成员国的经济活动却受到打击(Baldwin and Wyplosz, 2006; Krueger,1999)。同盟成员的低效率、高成本生产将取代非同盟成员的高效率、低成本生产,在新的世贸组织中竞争将加剧(Viner,1950;Balassa,1967; Baldwin,2006),这种现象被称作"贸易转移"效应。除此之外,区域贸易协定偏向于对欠发达国家给予优惠,主要表现在免税、免赔额和优惠政策方面。例如"欧盟优惠贸易政策"和美国的"非洲增长和机遇计划",这些有时候被称作"优惠减损"政策。

区域贸易协定作为世界贸易组织形式的一种,早已在各个国家之间有紧密的贸易合作,往往有一定的引领作用(Eicher et al. ,2012)。作为总贸易量的一部分,在将来现代自由贸易区成员国之间的贸易量将会超过北美自由贸易区。

3.原产地规则可以鼓励发展区域生产网络

鼓励发展区域生产网络的前提是,一些制造商要去获得现代自贸区低关税的资质来取代在成员国中高成本的投入。原产地证书影响那些从关税中受益的出口贸易。据测算,在出口服装上占的份额未来10年里将从30%上升到69%,其他产品占据的出口份额会更大。一般均衡模型预测累积原产地规则的实施会使平均 40%(数据来源 Petri, P and A. A. Raheem, 2014)的新一代出口贸易取代传统高成本的进口。

4.非歧视性贸易自由化原则(积极的外溢效应)将作为跨太平洋合作伙伴协定的附属协议

跨太平洋合作伙伴协定中的许多规定目的是为了减少非关税措施,更多地关注增加透明度和可预见性规则,以及一些其他有必要的规则(例如政府采购规则和电子商务规则)。这些规则对成员国家不容易实施,以非歧视性的方式充分实施这些规则,它们将带给成员国甚至非成员国好处。总的来说,20%的非关税措施中关于非歧视性规定,由 TPP 成员国自愿决定是否采用。尽管关于这一点精确数据还没有完全制定,但是可计算一般均衡模型作为低端预测模型,在其他领域研究方面也将作为基础业务。(European-Commission 2013)。

5.对整体成员国家的影响

一般均衡模型计算表明(见表 1),到 2030 年,TPP 将会使成员国家的 GDP 上涨 0.4%~10%,在国民生产总值加权基础上,最高也有可能达到 15%。其带来的利益可能不是立竿见影的,但是经过一段时间的积累就会有明显效果。对 TPP 成员国来说,因为关税的削减,以及非关税措施的减少,商品和服务贸易将分别达到成员国的国内生产总值的 53%和 31%。当然,由于国别差异,个别国家的国内生产总值收益可能小于预期。成员国的经济,例如越南和马来西亚,可能会从低关税和少量的非关税措施中获利,还可以从深层次的生产供应链获利(World Bank 2015b)。当然,TPP 中的北美自由贸易区的成员国如美国、加拿大从中获益的可能性会较小。

6.现代自贸协定(TPP)区域部门转移

从长远来看,对于有一定优势和规模经济的产业来说,TPP 可能会加快产业转移。在发达经济体中,这些机制有利于服务贸易、发展制造业,也有利于拥有丰富资源的国家,有利于主要产品外销的产业投资。对于发展中国家来说,利益来源于制造业,尤其是那些劳动密集型产业和初级产品。因此,TPP 中发达国家很可能会出现技术溢价,而新兴经济体则会从非技术工人的工资上涨中受益。以美国为例,到 2030 年,非技术工人的工资和技术型工人的工资实际预计变化将很小,涨幅分别在 0.4%和 0.6%,这一点正是特朗普退出 TPP 的根本原因。作为非技术型密集型产业(例如纺织品)转移到越南,越南的工资会大幅上涨。

在某种程度上，TPP产生积极的外溢效应对于一些国家来说是有益处的，但是非成员国家外溢可能受到限制，甚至产生负面影响。例如，对中国而言，因为贸易转移，越南、马来西亚等TPP成员国对美国、日本的出口可能就会挤占中国的市场份额，带来极为消极的影响。

二、现代自贸协定(TPP)对中国经济的影响和应对策略

逆全球化的特朗普政府虽然退出了TPP，TTIP的谈判也不得进展，但很难保证商人出身、奉行“美国第一”的特朗普总统不会搞出其他类似的区域经济贸易或者军事同盟来遏制中国的发展和崛起。

(一)假如TPP生效，可能对中国经济产生负面影响

因为中国不是TPP成员国，所以TPP一旦生效，对中国的影响将是巨大的并且是负面的。

1. TPP对中国经济战略的负面影响

任何关税同盟的形成都将对非成员国形成巨大的贸易歧视和贸易转移效应。亚太地区一直是中国对外贸易的重要目的国，其中的美国、东亚市场占据中国出口总额的半壁江山，中国对外贸易伙伴的前十名除了欧盟外，几乎全部集中在亚太地区。时至今日，中美、中日之间不仅没有双边自贸协定，还时常出现贸易摩擦，假如TPP生效，将对中国形成巨大的贸易转移，降低中国商品的出口竞争力。历史经验证明，中国、日本以及东盟在对美国、澳大利亚的商品出口上存在着明显的竞争关系。美国、澳大利亚、日本、越南、马来西亚、新加坡又都是TPP成员，它们将会挤占中国出口的市场份额，特别是日本的电子、机械类产品，越南、马来西亚的纺织服装类劳动密集型产品等都与中国对美、澳等国的出口形成竞争关系，并且因为它们是TPP成员国关系而获得的巨大优势，进而对中国经济的三驾马车之一的出口形成巨大的负面影响，对中国的贸易转移效应将进一步加大。

2. 中国的政治影响力将因TPP而遭受削弱

随着中国经济的发展，以中国为核心的东亚区域经济合作格局正在形成，地区政治构建也取得了某些进展。当年的奥巴马政府却借TPP重返亚洲，其目的在于，强化了其与亚太国家的经济、政治联系，巩固其在亚太区域的影响力，从而达到其分散东亚区域经济的目的和加大政治融合的难度，同时挑起中日之间的钓鱼岛之争、中韩之间的萨德之争，导致东北亚经济一体化进程胎死腹中。经济交集减少了，靠中国经济实力

转化而来的政治影响力变得微乎其微，极大地限制了中国在地区政治事务中的建设性作用。现在，特朗普领导下的美国政府为了保持全球霸权，其重返亚太、孤立和打压中国的初心并没有因此减弱，特朗普政府也一定会找到一个TPP的替代方案来遏制中国的发展，刚刚启动的“301调查”就是其中之一。

3. TPP将阻碍中国主导的自贸区战略的实现

TPP签订之前，中国一直在努力推动中、日、韩、东北亚自贸区、东盟10+3、东盟10+6以及区域全面经济伙伴关系协定(RCEP)等区域贸易协定的谈判和建立，自由贸易协定已成为亚洲国家实现其亚太战略的重要组成部分。2012年起，当时的奥巴马政府不甘心美国的全球影响力下降，希望借助类似TPP的区域贸易同盟来阻碍东盟“10+3”“10+6”或“东亚共同体”的进程，实现美国主导下的亚太自由贸易区，并不断运用军事、政治手段挑起地域冲突，孤立中国。类似TPP的现代自贸协定把贸易高度自由化，市场也全面开放，这些已经严重延缓了RCEP、东盟“10+3”与“10+6”等中国主导下的区域贸易协定的谈判进程，中、日、韩自贸区的建立更是化为泡影。贸易自由化给中国带来的利益因此减少，降低了中国在区域合作中的影响力，减缓了中国经济的发展速度。

(二)一般均衡模型研究证明：从经济角度看，与美国一样，中国加入TPP好处有限

美国退出TPP，很多人主张中国应当借此机会主动加入TPP、领导TPP，姑且不论这种一厢情愿的主张能否被现有成员例如日本、澳大利亚等国接受，目前看来，奥巴马政府牵头历经八年谈判所形成的TPP条款是否能适应中国的经济社会现状，对中国经济发展和社会福利的增加是否有利还有待研究。

表1　TPP成员国数量不同，各国社会福利变化也不同

	SangkyomKim(2011)				SangkyomKim(2011)			
国家(地区)	TPP9	TPP9	TPP9	TPP9	TPP9	FTAAP	东盟+3	东盟+6
美国	0.67	0.67	0.67	0.67	0.03	0.03	0.00	−0.01
澳大利亚	0.92	0.92	0.92	0.92	0.03	0.16	−0.03	1.14
加拿大	0.02	0.02	0.02	0.02	0.00	1.71	−0.01	−0.02
智利	1.47	1.47	1.47	1.47	0.28	0.14	−0.01	−0.01

（续表）

	SangkyomKim(2011)				SangkyomKim(2011)			
国家（地区）	TPP9	TPP9	TPP9	TPP9	TPP9	FTAAP	东盟＋3	东盟＋6
墨西哥	0.13	0.13	0.13	0.13	0.01	2.19	0.01	－0.02
新西兰	1.54	1.54	1.54	1.54	0.21	0.21	－0.03	1.61
秘鲁	0.83	0.83	0.83	0.83	1.36	0.10	0.00	－0.01
新加坡	6.67	6.67	6.67	6.67	0.07	0.41	6.68	6.72
越南	6.08	6.08	6.08	6.08	6.37	4.52	7.09	7.15
文莱	—	—	—	—	0.14	—	—	—
日本	0.00	0.00	0.00	0.00	－0.01	0.74	0.59	0.60
马来西亚	0.00	0.00	0.00	0.00	1.43	7.32	5.10	5.16
中国	0.01	0.01	0.01	0.01	－0.03	2.24	1.81	1.83
中国香港	0.00	0.00	0.00	0.00	－0.01	3.09	0.00	0.00
印度尼西亚	0.00	0.00	0.00	0.00	－0.03	1.72	1.59	1.61
菲律宾	－0.01	－0.01	－0.01	－0.01	－0.06	3.16	3.08	3.10
泰国	－0.01	－0.01	－0.01	－0.01	－0.06	4.71	4.18	4.27
韩国	－0.01	－0.01	－0.01	－0.01	－0.02	2.99	2.70	2.76

注释："东盟＋3"指东盟10国＋中日韩（中国、日本、韩国）；"东盟＋6"指东盟10国＋中日韩澳新印（中国、日本、韩国、澳大利亚、新西兰、印度）。

金尚谦(Sangkyom Kim，2011)、彼德·A·佩特里(Peter A. Peiri)和米迦勒·G·普卢默(Michael G. Plummer，2011)等的一般均衡模型计算出TPP9、TPP12、TPP13，以及东盟10＋3等多种情况下，各国GDP以及社会福利的变化：第一，TPP虽然由美国奥巴马政府主导谈判签订，但是按照现有的TPP条款，美国能够从中获得的经济增长和福利增加却很少，还有可能与特朗普政府推行的实体产业振兴计划带来负面影响，这可能是奥巴马政府当年为了实现其重返亚太，遏制中国的战略相吻合，却不惜牺牲自身的经济利益；第二，美洲国家中的成员国：加拿大、智利、墨西哥和秘鲁可能因为TPP的多边自由贸易而带来巨大贸易收益，因为这些国家都是资源即为丰富的出口国；第三，TPP成员国中的越南、马来西亚、文莱等发展中国家将从TPP自由贸易区中获得巨大的经济社会福利增加，因为他们的产品具有较大成本优势；第四，由于经济结构因素所致，TPP给澳大利亚、新西兰所带来的经济增长和福利增加非常有限，但他们如果积极加入"东盟＋6"等区域自由贸易组织却可能受益更大；第五，由于日本的经济本身增长乏力，其参与TPP或东亚合作所能带来的福利增加基本相当，当年日本的加入，完全是为了讨好奥巴马，同时起到遏制中国的野心；第六，如果亚洲国家能够很好地加强经济联合和合作，将可以带来生产效率的极大提高，从而削弱美国在亚洲的国际影响力，也许会轻微损害美国的经济和福利增加，因此美国会千方百计组织亚洲经济一体化的进程；第七，任何自由贸易组织都会对成员国有利，而对非成员国的经济和福利带来伤害；第八，因为中国没有参加TPP，因此不可避免地会遭受的经济和福利的损失，但是中国完全可以通过主导和参与东亚合作的其他区域自贸区而获得的经济和福利的增加来弥补。

现在，特朗普政府上台伊始就宣布退出TPP，使得奥巴马政府八年苦心经营的不让中国参与的区域亚太区域自由贸易区前途未卜。现有的成员国有的建议邀请经济总量全球第二的中国参与其中，但是我认为中国过去没有急于加入TPP谈判，现在就更没有必要了，中国可以通过“一带一路”战略、建立自己主导双边和多边合作的自由贸易协议来克服TPP可能给我们带来的损害，引领世界经济的发展按照中国的步骤向前推进，从而达到中华民族的伟大复兴。

（三）中国的应对策略

为了更好地应对来自各种现代区域自由贸易协定的威胁，应对特朗普政府逆全球化、启动“301条款”对中国调查而发起的贸易战，中国应积极地做好各种准备。

1.抓住美国退出TPP的契机，加强亚太区域经济整合，推动“一带一路”战略实施

近些年，东亚、亚太区域经济合作虽然取得了一定的进展，如中国分别与韩国、澳大利亚、新西兰等国签订了双边自由贸易协定，但是由于历史、政治甚至领土的因素，又因为美国历届政府一直极力阻挠亚太出现一个不受其主导、还将其排除在外的经济合作组织，东亚、甚至东盟的一体化进程一直得不到进展。既然TPP难以为继，中国正好可以推动RCEP、东南亚、上海合作组织成员国、金砖国家等区域经贸协定的谈判进程，加快“一带一路”战略的实施。利用中国强大的市场牵引力和资本、技术、商品、基建输出的实力，强化与亚洲、欧洲乃至非洲等“一带一路”沿线国家的经济联系和合作，克服将来可能与美国、甚至欧盟之间的贸易战，为中国产品和资本寻找更为广阔的市场。

表 2 “一带一路”战略对相关国家 GDP 增长的影响(单位:%)

	情形 1	情形 2	情形 3	情形 4
中国	0.17	0.20	0.25	0.24
中亚 6 国	0.01	−0.03	−0.03	−0.05
中东欧 16 国	0.01	0.02	0.03	0.03
独联体 6 国	0.01	0.01	0.02	0.02
西亚北非 16 国	0.02	0.02	0.02	0.01
东南亚 11 国	0.04	0.05	0.04	0.03
南亚 8 国	0.04	0.04	0.03	0.01
亚投行其他 20 国	0.07	0.16	0.17	0.19
美国	0.00	0.00	0.00	−0.03
世界其他地区	−0.01	−0.01	−0.02	−0.03

数据来源:陈虹,杨成玉《“一带一路”国家战略的国际经济效应研究——基于 CGE 模型的分析》,《国际贸易问题》2015 第 10 期。

说明:情形 1 是最保守的,情形 2、3 是情形 1 与 4 之间的一个补充,情形 4 是理想的贸易自由化状况。

2. 加快“区域全面经济伙伴关系协定(RCEP)”“金砖国家自贸区”“上海合作组织成员国自由贸易区”“中国—非盟自贸区”的谈判和建立

奥巴马政府当年主导 TPP 的目的之一是将东亚区域甚至亚洲经济合作的进程纳入亚太区域经济一体化之中,从而削弱中国的区域经济影响力。现在特朗普政府又采取逆全球化、美国优先战略,退出 TPP,对中国启动“301 条款”调查,准备与中国打贸易战,在此形势下,中国更需要加快建设自己的现代自由贸易同盟,强化与东亚经济体之间的实质性经贸合作,加强与东盟、巴基斯坦、澳大利亚、新西兰甚至印度的经贸合作,加强与西亚、北欧、金砖国家之间的经济联系,建立自己的双边和多边自贸区。推动 RCEP 的谈判进程、发起建立“金砖国家自贸区”“上海合作组织成员国自贸区”“中国—非盟自贸区”等新的、现代自由贸易区。所有条款,可以以 TPP 条款为样本,根据协议过的具体诉求和现实情况加以调整和完善。

无论是金砖国家、上合组织的西亚国家还是广大的非盟国家都有着众多的人口、广阔的土地和丰富的资源,并且都处于经济高速发展、基础设施建设完善阶段,他们对中国的商品、资本、技术的需求远胜于中国对他们市场的需求,因此我们可以抓住机会与这些国家和地区建立现代新型自由贸易区,带领他们共同富裕,从而引导建立现代国际经贸新秩序。

3. 调整产业结构,加强制度建设,主动适应和引领国际经济新秩序的建设

练好内功,提升经济实力,强化对环境、知识产权、原产地规则、劳工、生产和供应链管理等的保护和建设,建立打击侵犯知识产权和制售假冒伪劣产品的长效机制,完善制度与机制建设,调结构、去产能、去杠杆、增效率,这样才能够实现中国的可持续发展和综合影响力的提升。对本国的现有产业制度、经济政策进行有效改革,推动和完善供给侧结构性改革、国有企业的混合所有制改革,从而通过制度建设和经济发展为企业创造一个良好的国内、国际环境,增强本国的综合国力,应对可能发生的各种经济战、贸易战、政治斗争。

在深化经济结构改革和制度建设的同时,扩大市场开放度,鼓励本国企业走出去,做大做强,建立自己的跨国公司,参与国际竞争,使中国在更大范围、更高层次上参与经济全球化进程,在制度上和政策上实现与世界各国的互利共赢的大格局。

4. 深入研究现代自贸协定条款和架构,研究现代网络经济条件下的区域经济一体化,构建国际经贸新秩序

不管 TPP 命运如何,中国都要以积极的态度应对,因为 TPP 一旦生效,或者特朗普政府利用别的手段挑起对中国的经贸战、遏制中国,都将对中国的经济利益产生消极的影响。中国必须密切跟踪和研究现代自贸协定(TPP)的条款和架构,吸收好的、有利于本国经济和国际贸易的内核,为我所用,摒弃糟粕。

特朗普政府退出 TPP,美国必然会谋求建立另外一套国际经济贸易新秩序,对中国的遏制也不会就此停止。因此,中国需要根据美国的策略择机而行做到内外兼修,对内发展经济,提高自身综合国力;对外巩固自身在亚太乃至全球的影响力,不断维护自身的利益,促进本国更好地发展,从而提高中国在亚太地区乃至全球的领导地位,主导和引领建立国际经贸新秩序、新规则。

参考文献

[1] 陈虹,杨成玉.“一带一路”国家战略的国际经济效应研究——基于 CGE 模型的分析[J]. 国际贸易问题,2015(10):4－13.

[2] 李丹，崔日明. "一带一路"战略与全球经贸格局重构[J]，经济学家，2015(8)：62－70.

[3] 李淑玲，尹继元，中国加入 TPP 谈判的必要性研究分析[J]，浙江学刊，2015 第 5 期，P158－165

[4]全毅，高军行. 东亚经济一体化的贸易与投资效应[J]. 国际贸易问题，2009(6).

[5] 尹继元，李淑玲. WTO 规则下的不公平贸易战——WTO 成立 20 周年之全球反倾销案例分析及中国的侧列选择[J]，国际经贸探索，2015(11)：56－72.

[6]BARFIELD C. The Trans－Pacific Partnership：A Model for Twenty－First－Century Trade Agreements[J]. American Enterprise Institute for Public Policy Research International Economic Outlook ，2011(6).

[7] CSILLA LAKATOS，MARYLA MALISZEWSKA，FRANZISKA OHNSORGE，PETER PETRI，MICHAEL PLUMMER. Potential Macroeconomic Implications of the Trans－Pacific Partnership，Global Economic Prospects 2016. Ed. World Bank. Washington，D. C.：World Bank，2016. 219－236.

[8]BA BLONIGEN，MP GALLAWAY，JE FLYNN. Welfare Costs of the US Anti-dumping and Countervailing Duty Laws[J]. Journal of International Economics，1999(49)：211－244.

[9]DEBORAH SWENSON. Foreign Investment and the Mediation of Trade Flows[J]. Review of International Economics，2004(12)：609－629.

在《WTO And China》发表的英文论文选登

第一篇

The Politics of Anti-dumping in Dispute Settlement: The Trade Predator's Monster

Yin Jiyuan[1], Daniel Drache[2]

1. Jiangsu Institute of Economic and Trade Technology, York University,

2. York University, Robarts Centre for Canadian Studies

Abstract: This project focuses on the empirics and strategy of anti-dumping(AD) investigations. It will concentrate on the US, India, China, and Canada and these countries' increasing reliance on this controversial policy instrument as governments are faced with new competitive pressure. Anti-dumping investigation has long been a right of governments as a national measure against predatory pricing and highly volatile conditions in the international environment that distort the normal practices of a world trading system. So while countries continue to negotiate ever more free trade agreements, they increasingly rely on AD to protect their industries. It has become a prominent feature of international trade at a time of intense globalization despite the high powered advice of lawyers and economists to shut it down.

Analytically, dumping charges raise difficult questions about the inde-pen-dence and transparency of the investigating tribunals, the size of the award, and the quality of jurisprudence and why the WTO's much stronger dispute resolution mechanism has not increased the disciplinary measures available against other countries. Instead there has been a dramatic shift both in usage of anti—dumping and other measures more closely tied towards domestic social forces. Many experts see this as an unanticipated reaction against the domestic neoliberal policies and priorities that have framed the judicial culture of global governance institutions, often at the expense of jobs and employment. For others they see it as a monster of the recidivist state and the misuse of the statute continues to violate its legitimate purpose. As a global governance issue anti—dumping policies have become a major point of contention in the failed Doha Round trade negotiations.

Key Words: Politics; Anti-dumping; Dispute Settlement

1 The Explosion of Anti-Dumping Suits

More broadly, the explosion of anti-dumping suits by emerging market economies, developing countries and industrialized economies is a phenomenon in its own right. For many global South critics like Chorev and Chimney AD policy reflects the legal failure of the WTO to have a more flexible and accessible dispute settlement system for the Global South. Seventy percent of the WTO's members have never filed a complaint against another member with the high profile disputes resolution mechanism. A majority of the WTO's members don't have the expertise or the resources to bring forth a case. For others such as Rodrik anti—dumping measures are tied to new social forces at the domestic level and are a product of the structural transformation of the world trading system — with many losers in the race to be competitive. Between these competing theories, if one idea stands out it is the increase in anti—dumping tariffs and other measures that, in Picciotto's words, "gives states legitimate enforcement powers when it cannot secure assistance from others" (Macmillan, 1999)[1]. The state has always had a large role in the management of the world's trading rules. In the aftermath of the global financial crisis that assertive role seems to be larger than ever. Governments are expected to protect jobs and industries when major problems from imports arise.

In the recent period an unprecedented number of countries have increasingly turned to AD and countervail remedies to expand their policy

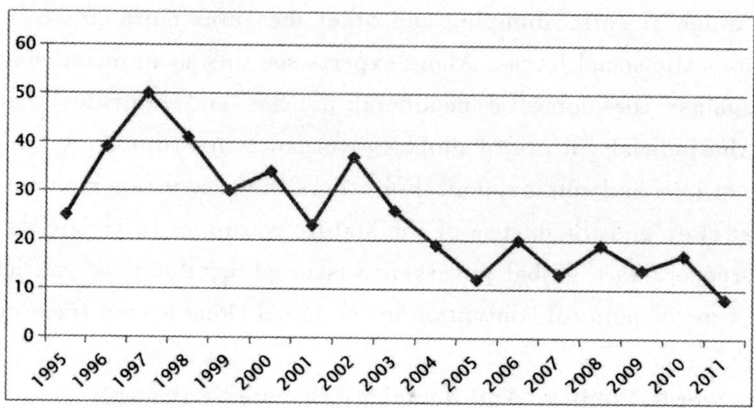

Source: WTO Secretariat Rules division database 2012, WTO

Figure 1. Chronological List of Disputes Cases (1995—2011)

space at a time of retrenchment. In total there have been 4010 AD investigations since the WTO was established. By contrast trade disputes brought to the high profile WTO dispute resolution system totalled is 427 in this period. In 2011 new trade disputes to the WTO at a time of global uncertainty amounted to only 8 notifications for consultations under the DSU. This is the lowest in the history of the WTO. Overall the number of complaints has been declining since 1997 when 50 notifications were filed. Since then there has been a dramatic drop in cases filed: 30 in 1999, 28 in 2003, 12 in 2005, 19 in 2009. These numbers demand attention not only because the volume in new activity is much reduced but it comes at a time when a majority of WTO members have found other means to address long term structu-ral change.

One way to understand what is happening is that WTO members have traded the legal sword of the WTO's complaint — driven system for the statutory shield of a domestic remedy investigation process. The movement towards alternative dispute resolution mechanisms not only covers anti — dumping triggered investigations but also includes the rise of subsidies and countervailing measures filed with the WTO. States have a right to levy increased duties on imports on industries facing injury. There were 80 countervail measures in force in 2012 of which the US is by far the leader with

50, 11 by the EU and 9 by Canada (*World Trade Organization Annual Report* 2012)[2]. Safeguard measures that temporarily restrict certain imports so as to protect a specific domestic industry from a surge that threatens to cause injury to the industry in difficult circumstances have also increased. In 2011 the WTO received 11 new notifications up from 3 the previous year. Since not all countries notify the WTO the data likely understates the number of safeguard investigations underway (WTOAR, 2012).

2 From the Global Trade Regime to State Enhanced Domestic Tribunals

What is of significance is that in a period of retrenchment the locus for handling trade disputes has shifted back to national statutory legislation. This mechanism promises a fast, inexpensive, discretionary relief to domestic industries facing highly volatile competitive pressures. Few in the trade policy community saw this coming and alternative dispute resolution mechanisms do not seem to signify a return to beggar-thy-neighbour protectionism. They should be understood as the reappearance of the vigilant state ready to address complex trade issues emanating from the magnitude of global interdependency and the backlash from structural adjustment. Free trade is no longer about comparative advantage but about managing different notions of fairness and market value.

In this period of intense globalization the dynamics of dispute settlement have themselves been transformed. Trade centrism is a different and difficult model to keep on track with its newfound levers of growth. The old levers were to deepen domestic demand, create a steady stream of jobs, redistribute wealth, develop globally competitive national champions, and rely on countercyclical policies to ensure social stability by the state continually rowing and steering the economy. The new lever is to promote a group of select highly competitive export industries as the engine of growth. Countries are pushed to export a larger percentage of their GDP than ever before and open their economies to very competitive cheap imports. In a globalized supply-chain of specialization, interstate transactions between buyers and sellers have grown exponentially.

We can see in Figure 2 the structural consequences of these new rela-

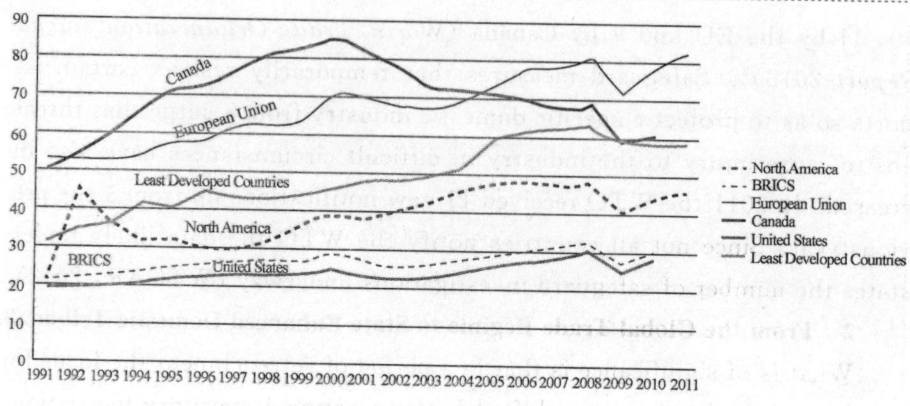

Source: World Bank < http://www. worldbank. org>

Figure 2. The Imperative of Trade Centrism and the Drive Towards Market Openness: Imports + Exports as a Percentage of GDP 1991—2011: North America, BRICS, European Union, Canada, United States, Least Developed Countries as Defined by the World Bank

tionships created by trade centrism and thc dynamics pushing societies in radical new directions. For the US openness-understood as imports and exports as a percent of GDP—has risen 10 percentage points in the decade to 30 percent. For the EU their numbers are double those of the US. Trade openness grew from 68 percent to over 80 percent in the same period. Canada dependent on its massive resource exports has one of the most open economies in the world though after the financial crisis the fall off of exports has been sharply downward. The BRICS have seen their openness grow by almost ten percentage points.

There are other measures of trade centrism such as bank lending, energy exports, foreign direct investment flows. As the ties between countries tighten all have become more significantly globalized than they were even a decade ago. The consequences of this multi-faceted interdependency are complex and need to be disentangled and mapped in a turbulent world. As growth slows in the BRICS and Europe is likely to fall back into recession the global links lead to new bottlenecks and other disequilibria.

In this new environment trade centrism has become a powerful game chan-ger. The greater the amount of shared interdependence, the larger is need for regulatory guiding and oversight. Interstate friction and trade conflict are bound to increase at a time of intense interdependency. The magnitude of adjustment affects entire industries and tens of millions of jobs as industrial

Production is relocated across the globe to the newly emerging markets. So what else of note has happened as a consequence of the realignment of markets and states because of the anti-dumping trade pivot?

In theory the WTO's dispute settlement mechanism was supposed to undermine the need for state driven investigations of genuine instances of dumping. In practice it is AD where the action is. It operates as a global circuit-breaker designed to mute some of the sharper domestic structural pressures of adjustment threatening jobs and industries. Some critics liken it to a competition policy regime for trade that is often part of a strategy for greater liberalization. With tariffs on average about five percent or less, the idea that export competition be tied to a notion of fair market value has always had broad appeal and one of the early rationales for the need for an anti-dumping statute was to improve the competitive position of the complaint against short term unfair trade practices. Ciuriak (2005) cites the way in the US "this arch tool of protection can be presented as actually paving the way for greater trade liberalization"[3]. His point is well taken. AD is no longer a protectionist state policy but a proactive policy to liberalize market access.

A rules-based system creates the need for many different kinds of dispute settlement processes for states at different levels of development with diverse needs. Much of the commentary by experts is focused on the DRS with its powerful legal culture. The WTO's dispute settlement mechanism is effective to contain tit-for-tat trade disputes by the largest countries which have the resources and experience to go before its panels and an AB body. For countries who believe they have been unfairly penalized by a national tribunal, the WTO functions as a court of last resort. It is not a criminal proceeding but a commercial right of a member state to challenge

AD duties or other restrictions imposed on imports.

3 The Big Picture: What New Data on Anti-Dumping Suits Tells Us

The data of anti-dumping investigations is highly interesting because it reflects a pronounced shift in power within the WTO that once used to function largely on the club model where the US and EU and their allies set the agenda and master intricate rules for governing the world trade system. Before 1985 no AD cases were initiated by developing countries. Since then the global south countries are the most active users of this alternative dispute resolution as seen in Table 1 and account for over half of anti-dumping actions. Argentina, Brazil, India, Argentina and South Africa use anti-dumping laws "five to twenty times more often than the US" (Mankiew and Swagel, 2006)[4]. Between 150 to 200 initiations occur annually by global South countries while only between 50 to 75 come from the industrialized world.

Table 1. Main Country Anti-dumping Users and Targets 1995—2011

Share	United States	European Union	China	India	Total Big Four	Total All Countries
Initiations	11.4%(458)	10.9%(437)	4.8%(191)	16.4%(656)	43.5%(1742)	4010
Targets	5.8%(234)	2.2%(87)	21.3%(853)	3.9%(155)	33.2%(1328)	4010

Source: Computations based on WTO Secretariat Rules division database 2012

The Global South has been using the WTO codes and disciplines aggressively to protect jobs and industry or to retaliate against competitors who impose anti-dumping duties on their exporters even though there are significant yearly fluctuations. Secondly while the global North and South rely on unilateral investigations to address all kinds of unfair competition, the global South has been twice as often the target of actions by the industrial north. China is the most targeted country charged with causing trade injury. The EU was the least targeted but US/EU disputes often represent bitter struggle between trade giants covering hundreds of millions of dollars in exports. The number of new successful anti-dumping measures imposed jumped from just two in the first half of 2008 to 21 in the second half, the largest increase anywhere. India continued to lead in number of measures imposed for the year as a whole. What leaps out of the data compiled from the WTO's data base is that from 1995 to 2011 South countries was twice as frequently the initiator as well the target for selling goods below cost compared to the global north. The numbers underline the point that the global south has had to quickly learn to deploy anti-dumping policy as both a sword and a shield.

Table 2. Anti-dumping Initiations and Targets 1995—2011

share in total	North	South	Total
Initiations	38%(1531)	62%(2479)	100%(4010)
Targets	40%(1613)	60%(2397)	100%(4010)

Source: Computations based on WTO Secretariat Rules division database 2012

Table 3. Anti-dumping Initiations: 1995—2011

Targets	from North	from South	from China	from USA	from EU	from India	Initiations	
North	1498	531	967	152	158	95	316	1531
South	2512	1000	1512	39	300	342	340	2479
China	853	322	531		107	107	147	191
US	234	63	171	34		15	33	458
EU	87+	4	83	17	0		48	437+
India	155	71	84	4	23	33		656

Note: The number of EU does not amount the members countries cases

Source: Computations based on WTO Secretariat Rules division database, 2012

Other asymmetries exist. The targeting of China is also due to the fact that Chinese firms are "easy" targets. Chinese firms are poorly equipped to defend themselves before foreign tribunals. The lack of expertise, financial resources and qualified people are some of the reasons that many Chinese firms choose not to defend themselves when targeted and hence the win rate against China is very high. The contrast with India is striking. India filed more anti-dumping charges than any other country but was the target of only 3. 9 percent of all anti-dumping since 1995 to 2011. As more members initiate and impose final duties it is important to look at the dynamics between the emerging market economies and the industrial powerful economies. The number of initiations of the United States and India are more than those they are targeted against. The exception is China. The number of targets of China is 853 cases, but it just initiated 191 anti-dumping actions.

Global South countries together launched 2479 cases, out of which around 61percent (1512) were against other South countries; 39% (967) of them were against industrialized world. The advanced economies launched 1531 cases, out of which roughly 35% (531) were against other North countries, the rest against South countries.

The China US rivalry is also of growing importance. 853 cases targeted China with unfair practices of one kind or another and the United States was the complainant in 107. In the meantime China just launched 34 anti-dumping cases against the US.

It is too early to say definitively whether the use or misuse of AD provisions have significantly lowered market access absolutely. It is estimated that less than 1 percent of the world's imports are affected by AD duties for periods of varying duration. Sometimes the dollar value of duties is staggering. The softwood lumber wars cost Canada over two billion in penalties and *the Byrd Amendment* passed by the US congress paid over $3 billion in customs duties to US industry and none of the money was returned despite the WTO ruling to the contrary. Similarly steel and chemical industry as well as agriculture and textiles have been sectors most often targeted. The level of duties imposed varies enormously. In chemical products US authorities imposed anti-dumping margins ranging from 7 to 112 percent recently. In the Softwood trade war the US imposed a killer AD duty of 9.6% and 19.34% CVD on exports of over $6 billion.

Ten sectors in our preliminary study accounted for 92.4% of the anti-dumping cases (initiations and targets). Base metals, chemical industries, resins, plastics, rubber machinery and electrical equipment were sectors frequently targeted for relief by domestic producers. The majority of cases initiated were in the resource intensive and science based sectors. "Within the resource intensive sector, the leading sector targeted was base metal. That could be due to a very high incidence of anti-dumping filings in the steel industry"(Miranda, Jorge, Raul A. Torres & Mario Ruiz. 1998)[5]. In the science based sectors, scale intensive mass production industries such as chemicals, resins, plastic and rubber dominated anti-dumping filings over the period 1995-2011.

Table 4. The top ten industries or product suffers most anti-dumping investigation (1995—2011)

Reporting Member	Minerals	Chemicals	Plastics	Wood prod	Pulp paper	Textiles	Footwear	Base metals	Machinery	Miscell.	Total
Total	73	825	513	91	208	303	153	1103	349	86	3704/4010
Share %	1.8	20.6	12.8	2.3	5.2	7.6	3.8	27.5	8.7	2.1	92.4/100
Rank	10	2	3	8	6	5	7	1	4	9	

Source: Computations based on WTO Secretariat Rules division database, 2012.

Why are dumping cases more concentrated in these sectors? Miranda et al. (1998) argue that "the world markets for steel, base chemicals and plastics are highly cyclical. Thus, at the bottom of a cycle, firms operating in these markets may turn to pricing sales below cost". It is also possible however that in the downturn, domestic firms in importing countries use anti-dumping law to protect themselves; since there is a very high probability of affirmative injury findings during this period, they rush to file anti-dumping cases.

4 Win Rates and the DRS: The Crown Jewel of WTO's Legal Culture

A narrow focus on sectors and number of awards is misleading. Every anti-dumping filing does not automatically favour the national complainant. Drope and Hansen report that in 2001 when AD initiations spiked to record highs reaching 350 filings only 150 resulted in actual duties (Drope and Hansen 2006)[6]. Some of these investigations were withdrawn and others countries agreed to restrict their market share for a certain period and the AD investigation stopped. What of other effects on the movement of trade across borders? The evidence is that anti-dumping awards have not dented the downward irreversible trend of tariff removal by all countries despite its increase usage. Tariffs have reached historic lows and many countries according to World Bank studies have reduced their tariff walls as their industries have become more competitive, a textbook example of the importance of the infant industry argument to and the legitimate use of short term protection when needed. Once an industry matures and the tariff has created a policy space to build manufacturing capacity the ladder is kicked away. Contingent protection is simply another example of the need to create a level playing field at a time of intense globalization when domestic jobs and industries face structural imbalances in the trading system.

The DRS was to be the crown jewel of WTO's jurisprudential culture but if current practice of governments is properly understood, states now have a lot of second thoughts about the utility of an expensive drawn out legal proceeding with uncertain outcomes in a complex process before a panel of experts and the appeals board. It may be rules-based but its jurisprudence is of limited value for countries facing global or domestic structural imbalances. The DRS does not have the legal firepower or the resources to address short-term price spikes and import surges that dozens of countries experience. More importantly it is hamstrung by its own legal culture which is innovation-shy and legally very conservative. It is not designed to be a first responder. The AB cannot interpret WTO law; it can only make a narrow determination of consistency by clarifying the rules by applying the customary rules of public international law. Only the WTO's political bodies are empowered to interpret the rules. Only the General Council has "the exclusive authority to adopt interpretations of the Agreements" (article IX. 2) and it requires a 75% majority of states, next to an impossibility. So for small states which are very jealous of their sovereignty and for large states that can forum-shop, anti-dumping dispute measures while often regarded as highly controversial, hold an immediate attraction.

5 The Anti-Dumping Complaint Process: A Rule Driven Public Administrative Law Adjudication

Orthodox economists are highly critical of the anti-dumping procedures set out in the WTO *Agreement on Anti-Dumping* because of the alleged arbitrariness of the criteria employed to make a finding. It is important to recall the legal culture of these state investigation procedures that collect and hear evidence of whether there has been an injury, is empowered to make an award and impose duties, specifies the fair remedy consistent with the law and establishes the duration of the penalty with a sunset clause. The WTO's anti-dumping code sets out clearly marked parameters that governments are to operate within. The step by step process is complex, technical, and reliant on experts from industry, government and labour and includes the following key elements:

Article 2. 4 to establish fair comparison between export price and normal value

Article 3. 4 to take into consideration"all relevant economic factors" for the determination of dumping

Article 3. 1 the examination of the impact of dumped imports on prices of domestic 'like products and producers.

Article 5. 2 evidence of dumping, injury and their causal link in the written application

Article 5. 8 Immediate termination of investigations in the absence of sufficient evidence

Article 6. 2 providing full opportunities to all interested parties to defend their interests throughout the investigation

Article 6. 4 timely opportunities for all interested parties to see all information

Article 6. 8 final determination based on"available facts"

Annex I procedures regarding on the spot investigations

Annex II determination of the best information available for collecting direct information of dumping

Article 11. 2 the need to review the continuing duty after a "lapse of a reasonable time"

Article 12. 1 public notification of sufficient evidence to reach interested parties

Article 18. 4 the adaptation of "all necessary steps" to conform to ADA

This is not a low standard operation by any means as participants in the process discover. The essential legal tests are much in evidence and the metho-dologies for determining injury, fair market price are well established. Commercial disputes have well defined characteristics that are bound to arise. The complication is that the regulatory process is anchored in national norms and processes.

6 Capping an Untenable Arbitrary Process: Is It an Option?

Every system of administrative law does not live in a vacuum or in its singularity. But the WTO AD code leaves significant room for differences in the enforcement of anti-dumping laws. With many more states having anti-dumping laws on their books substantive legal issues have multiplied. EU and US have sharply different methods of calculating export prices on the domestic market made by related parties; there are divergence on the way dumping margins are determined; under the Toyko Round panels have ruled differently with respect to injury-causing factors. The US has tried to limit the 'standard of review' of factual findings by the Department of Commerce to its advantage and according to Petersmann explicitly "legalize protectionist abuses in anti-dumping laws" (Petersmann, 1994)[7]. There is no constituency in the American political system to reform US practice, the most important player in the anti-dumping wars. Without US at the table and willing to give up its very large benefits of trade relief there is no possibility of any fundamental change. To complicate matters further, it is not clear from much of the evidence whether the AD rules are rigged in favour of the home country team or whether many industries and firms and industries engage in some form of "predatory" pricing as a critical element in highly aggressive market strategies. In a competitive age it is an anomaly that domestic firms can cut prices below cost without penalty but foreign firms cannot.

Drope and Hansen in an important overview article found that countries that are aggressive users of AD statutes are also equally targeted which makes some sense of why the number of filings has exploded. They also identified another side of trade politics. If you can't change the "standard of review" the next best thing for a targeted industry is to become an AD activist and file a complaint of your own. In their 2006 study it found that of the top ten users of anti-dumping petitions the home country had a win rate about two-thirds of the time before local administrative tribunals. Such an outcome is not that much different with rates from many criminal proceedings by prosecutors. Only Mexico and Australia were outriders with Australia granting only 25 percent applicants relief and Mexico ruling in favour of protection over 90 percent of its cases. It is something of a truism to note that the top exporters have a "conspicuous propensity to utilise AD measures to provide relief from imports" (Drope et al., 2006). Other studies muddy the waters with respect to win rates.

NAFTA was supposed to offer Canadian exporters relief from the arbitrariness of US trade laws. The percentage of successful US petitions fell to 30 post-NAFTA compared to 39 percent previously. However the news for Mexico was the reverse. US exporters won a higher number of petitions against Mexico with a supposedly higher standard dispute resolution system! US tribunals handed out more victories to its industries against its NAFTA partner than all other developing countries (Ciuriak, 2005)[8].

7 The Tightening the Rules Option

The surge in the use of anti-dumping is tied to the four decades of lowering tariffs in the Kennedy, Tokyo and Uruguay Round. As tariffs have fallen AD has become an important trade remedy tool to enable countries to broaden market access. This kind of a sovereign safety net has a strong deliberate dimension to deploy this state instrument like its national tax policy, science and technology investment programmes, regional development strategy and unemployment benefits to smooth the operation of markets and to correct for fairness through a procedural aspect of due process by a quasi-legal administrative body with a mandate that competition requires oversight. This legal tradition of deploying anti-dumping as a sword and shield has migrated from the Anglo-American model of capitalism to market economies in the Global South. The growth of externalities in a period of free trade has had profound implications for international competitiveness in various economies. Countries around the world have reacted strategically when conditions are far from equilibrium and the risk of a major contraction cannot be ruled out. Currency instability as well as the strategy of multinational companies to source globally and produce locally has forced the state to be proactive.

There is no movement to impose a cap on this controlled form of legalized protectionism a foundational principal of GATT and the WTO. Still there have been repeated attempts at the Tokyo and Singapore Rounds to tighten the rules to ensure greater transparency and to develop a more coherent body of jurisprudence determining trade injury and tests for predatory pricing that would require more co-operation between national authorities responsible for national oversight in the field of anti-dumping. Like so many other "big picture" items little has been achieved with respect to large-scale policy reform of anti-dumping practices. For the global South in the Doha ground they wanted the right to impose safeguard measures to protect local markets from the havoc of global price spikes. India led the opposition against Washington's refusal to accept realistic safeguard trigger thresholds. The sticking point for the global South bloc is that they demanded the same level of protection that gives US authorities the power to limit agricultural imports when price instability threatens their own industries and inflates food prices. The coalition of southern nations failed to obtain this critical right. Such is the nature of the beast up till now.

Neither the arbitrariness of anti-dumping measures nor the uncertainty of the criteria used to impose countervail duties has scared off governments. Countries will continue to use widely divergent practices and administrative law and many studies repeatedly demonstrate that a country's AD legislation favours certain domestic industries such as steel, textiles and automobile. The awards are strongly contested by leading exporters because the authorities deploy anti-dumping measures for strategic ends. The US has never been reticent to wield AD law to alter the behaviour of firms and industries fighting for a larger share of the US market. Still AD will remain a powerful weapon in the trade arsenal of countries for two complicating reasons.

The first complication is that US commercial policy continues to discriminate against "poor countries and poor people"[9]. Kimberly Elliot found that "the highest tariffs fall on agriculture and labour-intensive light industry" where many emerging southern countries are highly competitive. They face an average tariff of 13% on a range of products from clothing to sugar, peanuts, tobacco and dairy products. Strict rules of origin restrict many global south economies from gaining access to the US market. In her study she found that for Bangladesh and Cambodia, each with average per capita income little more than $500, the dollar value of duties paid on exports was almost $ 1 billion in 2006 for both countries. The duties were, she calculates, six times higher than the value of aid that Bangladesh and Cambodia received from the US for that year! The policy answer to high tariff walls is to expand "duty-free-quota-free accesses to countries that have incomes below the World Bank's low middle-income grouping and all countries in that category. At best they represent less than 3 percent of US exports - scarcely a threat to US industries" (Kimberly A. Elliott, 2009)[10].

The second complication is that international trade has had a decisive and problem influence on the economic performance of the least developed countries or the LDCs. The increase in food and fuel prices has negated the aggregate welfare gains from freer and open trade. In the words of UNCTAD's latest report on LDC's, "given the high commodity dependence of the LDCs, both as net exporters and net importers, the volatility of their prices has clear detrimental consequences for these economies"(Kimberly, 2009). Current conditions of lower growth rates and a weaker export dynamism are particularly worrisome for development. Real GDP capita for this group of 25 nations at the bottom of the ladder has been negative relative to the GDP of other developing countries. The deterioration of the standard of living has been sharp and overall progress minimal.

The core issue is that is their continuing marginalization of LDCs in the glo-bal economy. "While LDCs represent a significant and increasing share of world population (12 percent in 2009), their contribution to global

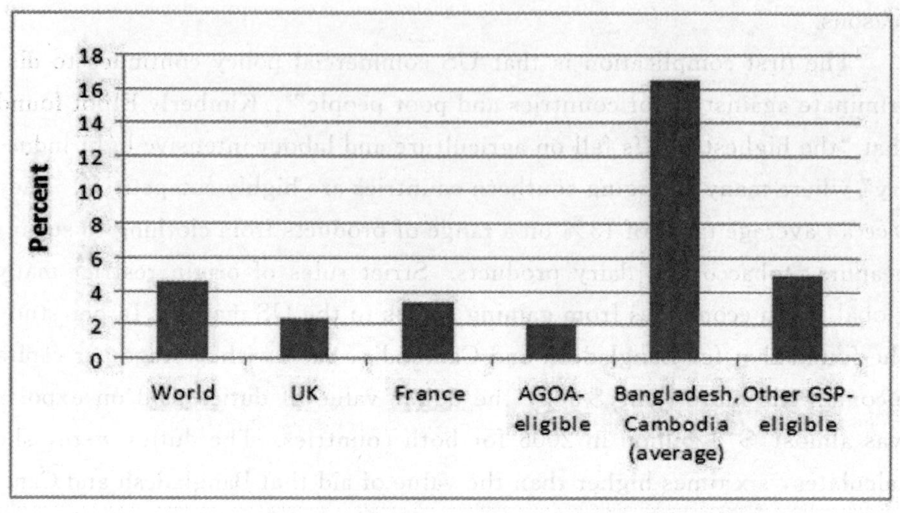

Source: Kimberly Elliott 2009

Figure 3: Average Tariff Rate by Source Country

output remains below 0. 9 percent, considerably lower than what it was in the mid-1970s. In other words, one eighth of the world's population produces less than one 100th of the world total GDP. With regard to international trade, the LDCs' share of world merchandise exports hovered around 0. 6 percent between the 1980s and the early 2000s, and has climbed to 1 per cent more recently. The bulk of the recent improvements, however, are accounted for by fuels; excluding that product line, LDCs accounted for only 0. 53 percent of world exports." The development implication is that given the growing interdependence of trade and FDI and the importance of South-South co-operation UNCTAD argues that the process of change and development is strongest when there is a dynamic two way relationship between the catalytic development States in LDC and South-South co-operation. New structures are needed to strengthen the interdependence between mobilizing underutilized resources and marshaling the agricultural productivity necessary to make them more cost effective. Public spending on infrastructure, skills for the workforce and the creation of new products and markets are key elements in an inclusive growth strategy. For our purposes it is clear that the "catalytic state" cannot rely on market forces to reallocate national and international resources to the growth-enhancing sectors. The answer is that LCDs need to enhance developmental benefits particularly through South-South co-operation a strategy posited not the fundamentalist assumption of free trade but interregional and intraregional national developmental goals.

In this perspective policy learning and institutional experimentation offer the best option to build successful institutional arrangements. Working from the principle of mutual advantage through co-operation takes the LDCs very far from maximizing openness for a few industries. Trade centrism has limited prospects given the successful stories of developmental regionalism in Asia and the growth push from economic corridors linking a variety of countries more closely with their neighbours. These new arrangements provide a practical application of alternative policy frameworks now under consideration. Greater divergence in normative goal demands more heterodox ideas as well as solutions. More diversified export structures are needed if they are to meet the graduation criteria of the IMF to achieve growth rates, human development and reduce their economic vulnerability. Trade politics particularly for the LDCs inevitably skews outcomes in the short and medium term and is a restraint on market openness as the primary goal. In the ideational race for development market rationalist models have less allure than previously.

8 Conclusion

Anti-dumping is often stigmatized by economists and trade lawyers as rule rigging but governments continue to rely on this policy instrument to protect jobs and industries from abnormally cheap goods flooding the market. Trade centric ties between countries have tightened and states are more globalized than even a decade ago. Deep integration has forced governments to manage their openness and as countries are in a race to compete those who come out on top do better to have the state address the far-reaching disequilibria of trade centric growth. They will continue to bring disputes to the WTO in very small numbers. By contrast anti-dumping and countervail measures and duties are an alternative dispute settlement mechanism and the organization of international trade has become more politicized. Countries will continue to file complaints with the WTO and launch investigations into predatory pricing practices before their national tribunals.

Trade politics are a prominent feature of the drive to broaden access to markets by championing export industries and relying on cheap imports. Countries only want to be winners but trade adjustment is long term, constant and demanding resulting in many countries losing out. The much reinvigorated role of the assertive state is a direct outcome of trade centric practices. Countries would like to have the full arsenal of US anti-dumping legislation but only a hegemon has this seigniorial right and as US industries find themselves facing relentless cost pressures, anti-dumping in the absence of an industrial strategy is one way to slow down American industrial decline.

For the Global South anti-dumping quotas rather than relying on the WTO's high profile dispute resolution is a mirror image of their limited resources and expertise. China's and India's rationale for relying on this instrument of trade policy needs to be investigated further. The general rule of thumb is that the AD mechanism offers immediate relief to global imbalances and the surge of imports. At best it is a stop gap measure and at worse a modest dose of protectionism in tough times. It is an appropriate response to the slowdown in the global economy. This project will look at win rates of Canada, India, China and the US as a percentage of world total, number of measures imposed, size of award, leading industries represented in AD cases, geographical representation of AD cases regionally and globally, administrative law process and the politics of AD seen by the global South.

Note:

Fund: Supported by CSC (China Scholarship Council) Project of WTO, China and Anti-dumping Practices. Project No. :LJF[2011]3008

References

[1] MARK PICCIOTTO, HAMPTON, JASON P. ABBOTT. Offshore Finance Centres and Tax Havens[M]. UK: Palgrave Malmillarn 1999: 43-79.

[2] World Trade Organization Annual Report 2012, Accessed 2 May 2012, from <https://wto.org/english/res_e/booksp_e/anrep_e/anrep12_e.pdf>

[3] DAN, CIURIAK. Anti-dumping at 100 Years and Counting: A Canadian Perspective[J]. The World Economy: 641-649.

[4] MANKIEW, SWAGEL. The politics and economics of offshore outsourcing [J]. Journal of Monetary Economics, 2006: 1027-1056.

[5] JORGE MIRANDA, RAUL A. Torres and Mario Ruiz. The International Use of Anti-dumping: 1987—1997[J]. Journal of World Trade, 1988.

[6] JEFFREY M. DROPE, WENDY L. Hansen. Anti-dumping's Happy Birthday? [J]. The World Economy, 2006.

[7] J BOURGEOIS. WTO dispute settlement in the field of anti-dumping law [J]. Journal of International Economic Law, 1998, 1(2): 259—276.

[8] DANN CIURIAK. Anti-dumping at 100 Years and Counting: A Canadian Perspective[J]. The World Economy, 2010, 28(5): 641—649.

[9][10] KIMBERLY A. ELLIOTT. A US trade policy for development: Helping the poorest in a time of crisis, Accessed 27 May 2009, from <http://www.voxeu.org/article/us—trade—policy—development>.

第二篇

Anti-dumping Wars of WTO:1995—2014

Abstract: This paper focuses reviews the on the empirics and strategies of anti-dumping investigations in the 20 years of the World Trade Organization's existence (1995-2014) by national authorities and analyzes their strategies. It will examine the United States of America (US), India, China, and Canada and their increasing reliance on this controversial policy instrument, as governments they and other countries are faced with new global competitive pressures. For two decades, China has been the most targeted country for anti-dumping suits, and we will analyze China's strategy in the anti-dumping wars. The solar panel disputes between China and the United States and between China and the European Union provide important insights into the use of anti-dumping as a competitive strategy by some of the world's most powerful economies. Finally, we suggest some ways for Chinese companies to improve their positions in the anti-dumping wars.

Keywords: Anti-dumping; WTO; Solar panel dispute

Ⅰ. Anti-Dumping IN MULTILATERAL Trade

Dumping is the sale of goods at less than their fair market value. Countries that are targets of the dumping of goods respond with anti-dumping measures, which are designed to be frontline remedies against what they consider an unfair trading practice. While the WTO legally supports protectionism in this form, its legitimacy and ramifications are not undisputed. Many countries, including Canada, the United States, and Australia, have had anti-dumping statutes for more than a century. Experts have criticized these statutes as an undesirable phenomenon that penalizes consumers; according to Tomer Brounde, their negative effects are global.

The WTO's present anti-dumping code has its origins in Article VI of the *General Agreement on Tariffs and Trades* (GATT) 1947 and occupies a prominent place in settling trade disputes. It gives countries facing trade injury the right to protect jobs and industries and to impose duties and tariffs on the "dumped" goods. When anti-dumping becomes a problem in international trade, it can be "managed" with the WTO's legal codes and legal action in the WTO's dispute settlement forums. Today, all member states of the WTO accept that anti-dumping duties are legally justified when there is evidence of "abnormal and temporary cheapness".

The process of determining the existence and extent of injury involves complex legal standards and administrative procedures. Member countries are required to comply with the WTO's code and procedural and substantive rules on the identification of injury, causation, and circumvention measures. Much ambiguity remains in the WTO disciplines in international price discrimination and the effects of international monopolies and their aggressive pricing strategies, but the existence of ambiguity has not diminished countries' inclination to use powerful anti-dumping measures as they grapple with the economic damage and job loss resulting from the "abnormal and temporary cheapness" of dumped goods. In theory, anti-dumping laws have to balance the interests of foreign exporters against those of domestic competitors. However, in the eyes of foreign exporters, the legal processes of the governments propagating anti-dumping laws may not measure up to this theoretical standard. Governments are not indifferent to below-production-cost imports that aim to drive domestic companies out of business and reap monopoly rents for foreign producers. Mankiw and Swagell, in their hard-hitting critique in *Foreign Affairs*, called anti-dumping measures the "third rail of trade policy": politicians do not dare to touch it for fear of being punished by the electorate, and those who do have often felt the ire of consumers and voters.

Using anti-dumping measures to protect jobs and domestic companies against imports selling at below fair market value is, at first glance, an appropriate response against certain market-distorting practices in a liberal trade environment. But dumping charges raise difficult questions about the independence and transparency of the investigating tribunals, the size of awards to parties claiming injury, the quality of jurisprudence, and why the WTO's dispute resolution mechanism - much stronger than prior, similar mechanisms——has not increased the number and effectiveness of disciplinary measures against other countries.

In recent years, countries' usage of anti-dumping and other measures have become much more driven by domestic social forces. Many experts, such as Stiglitz, see this as an unexpected reaction against the domestic neoliberal policies and priorities that have shaped the jurisprudence of global governance institutions, but which have often sacrificed domestic workers. For others, anti-dumping measures have become a monster in the recidivist state, which misuses measures that can actually have a legitimate purpose. Anti-dumping policies have become a major point of contention in the failed Doha Round trade negotiations.

2. The Explosion of Anti-Dumping Suits

Since the WTO came into existence, the number of anti-dumping lawsuits has exploded. From 1995 to 2014, a total of 4,757 anti-dumping suits were initiated. Over 66% percent resulted in governments' imposition of penalties on exporters: among the 4, 627 anti-dumping cases that were brought to a resolution, measures were imposed in 3,058 of them.

The explosion of anti-dumping suits initiated by emerging market economies, developing economies, and industrialized economies alike is a phenomenon in its own right. For many critics from the Global South like Nitsan Chorev and B. S. Chimney, anti-dumping policies reflect the failure of the WTO to provide a more flexible and accessible dispute settlement system for the Global South. Seventy percent of its members have never filed a complaint using the high-profile dispute resolution mechanism of the WTO. A majority of members have neither the expertise nor the resources to bring a case. For Dani Rodrik and others, anti-dumping measures are tied to new domestic social forces and a product of the structural transformation of the world trading system, with many losers in the process.

One idea that stands out between these competing theories is the rise

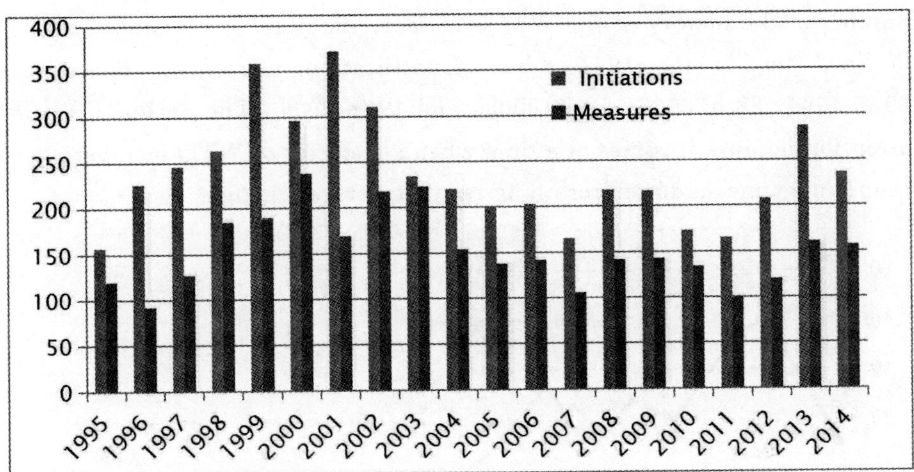

Source: Computed based on the data from the WTO Secretariat, Anti-Dumping Rules Division Database, 2014

Notes: "Initiation" refers to the launch of an anti-dumping investigation. "Measures" refers to a country that is accused of dumping and may have to provide relief to the industries or companies claiming injury.

Figure 1. Anti-Dumping Initiation and Measures Imposed by Reporting WTO Member, 01/01/1995 - 31/12/2014

of anti-dumping tariffs and other measures that "give[s] states legitimate enforcement powers when it cannot secure assistance from others" (Picciotto, 27). The national state has always had an important role in the management of the world's trading rules, and the role has only grown in the aftermath of the global financial crisis. Governments are expected to protect jobs and industries when imports cause problems.

Recently, as countries seek to recover from the financial crisis, an unprecedented number have turned to anti-dumping measures and remedies to expand their policy space. While there have been 4,757 anti-dumping investigations and 3,058 responsive measures imposed since the establishment of the WTO, only a total of 488 trade disputes have been brought to the WTO's dispute resolution system during this period. In 2011, at a time of global economic uncertainty, there were only 8 notifications for consultations under the Dispute Settlement Understanding (DSU), the lowest number in the history of the WTO. In fact, the number of complaints has declined steadily since 1997, when 50 notifications were filed. There were 30 in 1999, 28 in 2003, 12 in 2005, and 19 in 2009. The decline demands attention because it comes at a time when a majority of WTO members have found other means to address long-term structural change.

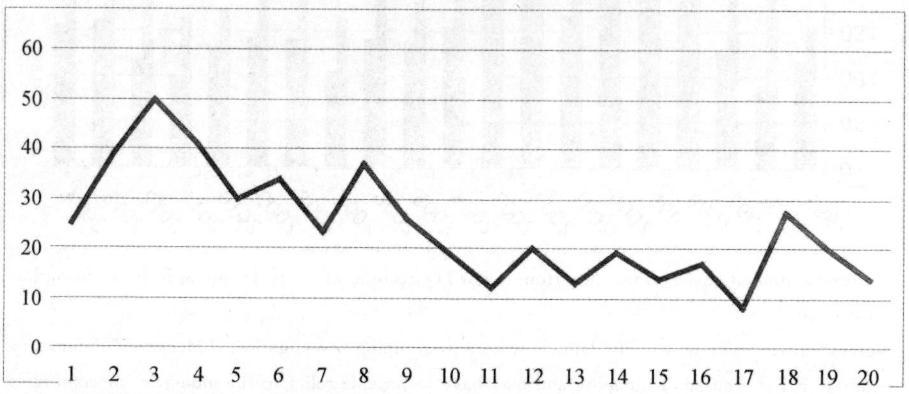

Source: Computed based on data in the WTO Secretariat Anti-Dumping Rules Division Database, 2014.

Figure 2. Number of Disputes Brought to the WTO (1995-2014)

3. Analysis of Anti-dumping Data

A. Initiations and Targets

Before 1995, most anti-dumping cases were initiated by developed countries, with the United States and the EU being the most active initiators. However, the proportion of cases by developed countries has been falling, and the number of cases by developing countries has risen. Before 1985, no developing country has filed a case. Since then, the situation has changed dramatically, with India, South Africa, and Argentina being the most active initiators of anti-dumping cases. (Grimwade, 2009)

Table 1. Anti-Dumping Initiations (Developed vs. Developing Countries)

Year	Total	By Developed Countries	By Developing Countries
1995	157	82	75
1996	226	92	134
1997	246	139	107

(Continued table)

Year	Total	By Developed Countries	By Developing Countries
1998	264	98	166
1999	359	172	187
2000	296	131	165
2001	372	168	204
2002	311	91	220
2003	234	93	141
2004	220	85	135
2005	200	52	148
2006	203	74	129
2007	165	65	100
2008	218	50	168
2009	217	57	160
2010	173	39	134
2011	165	56	109
2012	208	63	145
2013	287	96	191
2014	236	76	160

Source: Computed based on data from the WTO Secretariat Anti-Dumping Rules Division Database, 2014

Table 1 shows the numbers of worldwide anti-dumping actions over the past 20 years. Keeping in mind that the number of anti-dumping initiations can fluctuate greatly from year to year, we can observe the following:

• From the late 1990s to 2001, the use of the anti-dumping measures increased sharply.

• Before 2001, developed and developing countries initiated roughly equal numbers of anti-dumping cases.

• Since 2002, developing countries have been using anti-dumping measures more aggressively than developed countries.

Figure 3 shows the numbers of worldwide anti-dumping targets over the past 20 years. The number of anti-dumping targets fluctuates with the

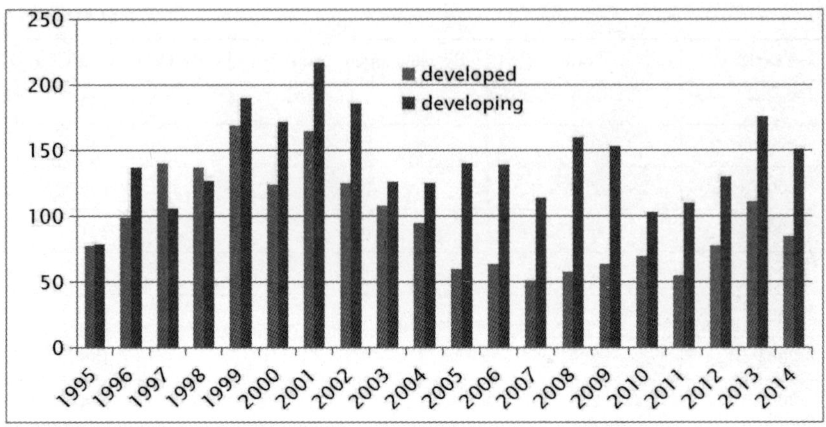

Sources: Computed based on data from the WTO Secretariat Anti-Dumping Rules Division Database

Figure 3. Targets of Anti-Dumping Cases, Developed vs. Developing Countries, (1995—2014)

number of anti-dumping initiations. In the late 1990s, the use of anti-dumping measures increased sharply with intensifying global competition. The total number of anti-dumping targets in the North and the South from 1995 to 1999 stayed almost constant. After 2000, developing countries have been targeted more often than developed countries. Significantly, developing countries have brought more suits against other developing members than against developed countries.

Table 2. Anti-Dumping Initiations

Year / WTO Member	United States	China	European Union	India	Canada
1995	14		33	6	11
1996	22		25	21	5
1997	15		41	13	14
1998	36	3	22	28	8
1999	47	2	65	64	18
2000	47	11	32	41	21
2001	77	14	28	79	25
2002	35	30	20	81	5
2003	37	22	7	46	15
2004	26	27	30	21	11

(Continued table)

Year / WTO Member	United States	China	European Union	India	Canada
2005	12	24	24	28	1
2006	8	10	35	31	7
2007	28	4	9	47	1
2008	16	14	19	55	3
2009	20	17	15	31	6
2010	3	8	15	41	2
2011	15	5	17	19	2
2012	11	9	13	21	11
2013	39	11	4	29	17
2014	19	7	14	38	13
Total	527	218	468	740	196

Source: Computed based on data from the WTO Secretariat Anti-Dumping Rules Division Database

Table 2 shows the numbers of anti-dumping actions initiated by selected countries and the European Union in the past 20 years. The follow observations can be made:

• In the late 1990s, the number of anti-dumping initiations increased sharply, especially those by India and the United States. China began to initiate these suits in 1998.

• From 2002 to 2012, the use of the anti-dumping initiations by all countries, except India, declined.

• India was the most active user of anti-dumping measures for many of these years. China is the least active, initiating a total of 218 since it began initiating anti-dumping cases in 1998, or an average of 10.9 cases per year. The annual averages for the European Union, the United States, and India are 23.4, 26.4, and 37 cases respectively.

Figure 4 and Table 2 reveal the following:

• China has been the target of more anti-dumping investigations than Canada, the United States, the EU, and India combined. Canada has been targeted the least.

• A comparison of Figure 4, Figure 2, and Table 2 shows that most

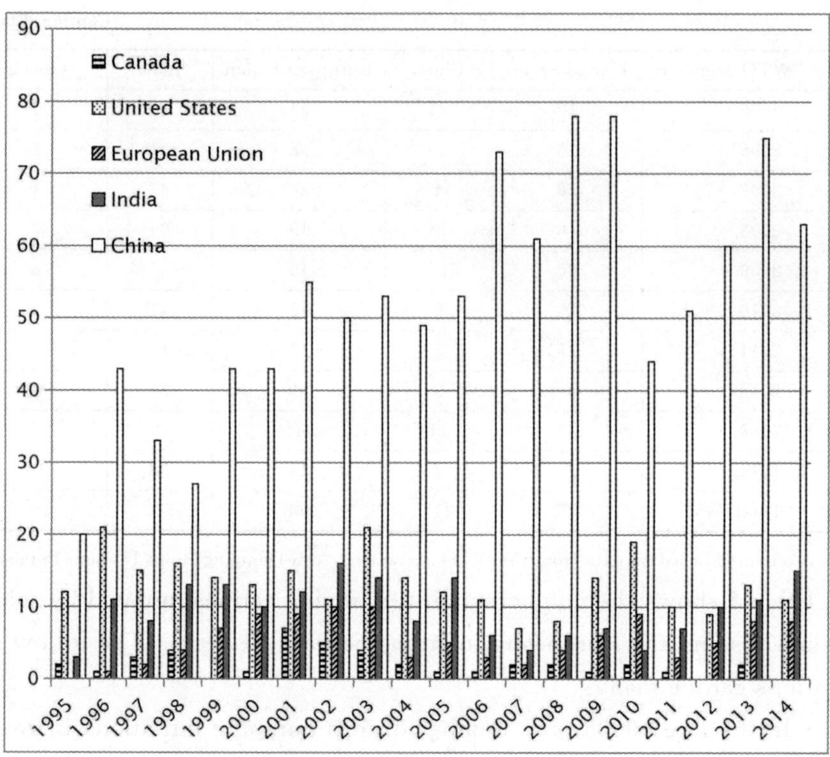

Source: Computed based on data from the WTO Secretariat Anti-Dumping Rules Division Database

Figure 4. Targets of Anti-Dumping Measures

anti-dumping initiations are brought against China, and there are very few anti-dumping initiations against the other selected countries by comparison (though the amounts of money at stake are often significant). The contrast between China and India, both Asian regional powers, is striking. India is an aggressive user of anti-dumping investigations but is, surprisingly, seldom targeted.

• Chinese companies are less equipped than those from other countries to cope with the complexities and costs of anti-dumping actions. They suffer from a comparative lack of expertise, financial resources, and manpower. Therefore, many Chinese companies may choose to not defend themselves before foreign tribunals, and many cases brought against Chinese companies result in the imposition of definitive tariff measures.

Table 3. Anti-Dumping Initiators and Targets, 1995—2014 (selected countries and the European Union)

Country	As Initiator	As Target
United States	11.1% (527)	5.6% (266)
Canada	4.1% (196)	0.9(41)
European Union	9.8% (468)	2.3% (108)
China	4.6% (218)	22.10% (1052)
India	15.6% (740)	4.0% (192)
Group (four countries)	45.2% (2149)	34.9% (1659)
Total	4757	4757

Source: Computed based on data from the WTO Secretariat Anti—Dumping Rules Division Database

Between January 1995 and December 2014, China was the number-one target of anti-dumping cases. During this period, there were 1,052 anti-dumping investigations and 759 anti-dumping measures against exports from China. These accounted for 22.1% (1052/4757) of the total number of anti-dumping filings and 24.8% (759/3058) of the total number of anti-dumping measures around the world. To some extent, it is not surprising: China's trade volume had been expanding rapidly and, in 2012, China became the largest trading country in the world.

The first anti-dumping suit against China was filed in 1979 by the European Union. The average number of anti-dumping cases against China rose from about 6 per year in the 1980s, to 30 per year in the 1990s (Li, 2007), and then to nearly 60 per year in the years after China's accession to the WTO in 2001. The 30 countries that initiated the largest numbers of anti-dumping cases against China include developed countries and regions such as the United States, the European Union, Canada, and Australia as well as developing countries such as India, Argentina, Turkey, Brazil, South Africa, and Mexico. The three leading developed countries and the European Union were responsible for 30.8% (324/1052) of all cases against China between January 1995 and June 2014. The six leading developing countries were responsible for 47.2% (496/1052). Together, these nine countries and the European Union initiated 78% of all anti-dumping cases against China. The following table gives a further breakdown of anti-dumping cases by and against developed and developing countries.

Table 4. Anti-Dumping Initiations and Targets 1/1/1995—31/12/2014

Percentage of Total	Developed Countries	Developing Countries	Total
Initiations	37.4% (1779)	62.6% (2978)	100% (4757)
Targeted	40.7% (1938)	59.3% (2819)	100% (4757)

Source: Computed based on data from the WTO Secretariat Anti-Dumping Rules Division Database

Table 5. Anti-Dumping Initiations vs. Targets 1/1/1995—31/12/2014

		Targeted Investigations or Cases Against		
		Developed Countries	Developing Countries	Total
Initiator Type	Developed	40%(707)	60%(1072)	37.4%(1779)
	Developing	32.7%(973)	67.3%(2005)	62.6%(2978)
	Total	35.3%(1680)	64.7%(3077)	100%(4757)

Source: Computed based on data from WTO Secretariat Anti-Dumping Rules Division Database

Table 4 and Table 5 reveal the following:

• Taken together, developing countries initiated nearly double the number of investigations and cases than developed countries.

• The developed countries filed 40% of their anti-dumping actions against other developed countries and 60% against the selected developing countries. The developing countries initiated 32.7% of their cases against the developed countries and 67.3% against other developing countries.

Table 6. Reported Anti-Dumping Initiations, 1/1/1995—31/12/2014
(selected countries and the European Union)

Targeted	By Developed Country	By Developing Country	By China	By USA	By EU	By India	Initiations
Developed	1779	707	1072	174	198	120	334
Developing	2978	973	2005	44	329	348	406
China	1052	380	672		124	119	169
US	266	65	201	40		16	39
EU	108	4	104	24	0		57
India	192	84	108	7	26	36	

Source: Computed based on data from the WTO Secretariat Anti-Dumping Rules Division Database, 2014

Note: The number of EU anti-dumping cases does not include all cases brought by EU members

Table 6 shows the anti-dumping patterns of global super powers and trade blocs. Significantly, India and the United States were both initiators more often than they were targets. China was a target in 1,052 cases but only initiated 218 anti-dumping actions. Taken together, the developing countries launched 2,978 cases, out of which about 67.3% (2005) were against other developing countries; the remaining 32.7% (973) were against developed countries. The developed countries initiated 1,779 cases, out of which roughly 39.7% (707) were against other developed countries; the rest were against developing countries. The rivalry between China and the United States is seen in the number of anti-dumping cases between these two economic giants: the United States initiated 124 cases of the 1,052 cases against China. China only initiated 40 anti-dumping cases against the United States.

B. Measures and Sectors

Table 7. Anti-Dumping Measures by Exporting Country, 1/1/1995—31/12/2014

Exporting Country	Number of Measures Imposed Against Country	Number of Cases in Which Country Was Target	Success Rate (%)
World Total	3058	4757	64.3 (average)
China	759	1052	72.2
India	109	192	56.8
United States	162	266	60.9
European Union	74	108	68.5

Source: Computed based on data from WTO Secretariat Anti-Dumping Rules Division Database.

The "success rate" of anti-dumping initiations is the ratio of the number of definitive measures to the number of initiations with a one-year lag between the two numbers. It represents the proportion of initiations that ends in definite measures, including both anti-dumping duties and price undertakings. Normally, there is a one-year lag between the initiation of an anti-dumping investigation and the imposition of definite measures.

From 1995 to 2014, 3,058 of the total 4,757 anti-dumping cases (or 64.3%) resulted in the implementation of definite measures. In the cases initiated by the four main countries that we examined, the percentage of cases that resulted in anti-dumping measures against China is higher than the average of all anti-dumping cases around the world. By contrast, cases against American companies have lower success rates. These two phenomena may be the respective results of the reluctance of Chinese companies to spend their time and resources on defending themselves and the reluctance of most countries to launch a trade war with the United States.

Table 8. Top 10 Anti-Dumping Initiations by Sector and Reporting Member 01/01/1995—31/12/2014

Reporting Member /HS Code	XV	VI	VII	XVI	XI	X	XIII	IX	XX	V	Total
Total	1,379	965	635	408	346	229	194	98	92	76	4,422/4,757
Percentage of Total	29.0	20.3	13.3	8.6	7.3	4.8	4.1	2.1	1.9	1.6	93.0/100
Rank	1	2	3	4	5	6	7	8	9	10	

Source: Computed based on data from the WTO Secretariat Anti-Dumping Rules Division Database, 2014

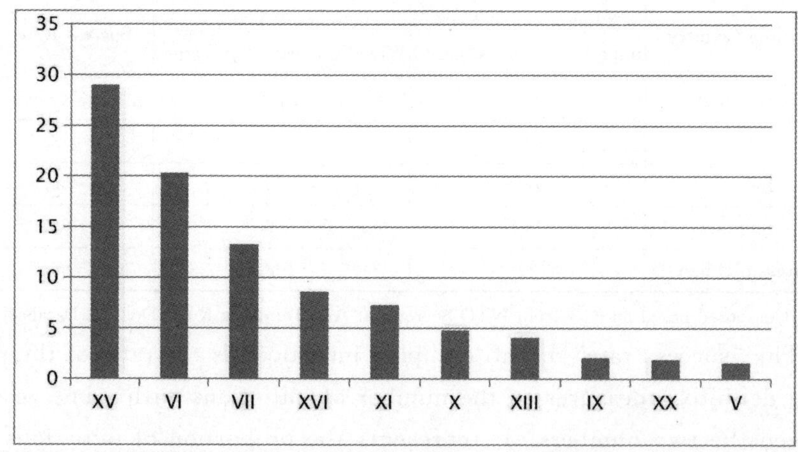

Source: Computed based on data from the WTO Secretariat Anti-Dumping Rules Division Database

Figure 5. Top 10 Anti-Dumping Initiations by Sector and Reporting Member 01/01/1995—31/12/2014

Table 9. Top 10 Sectors for Imposition of Anti-Dumping Measures by Reporting Member, 1/1/1995—31/12/2014

Reporting Member/HS Code	XV	VI	VII	XI	XVI	X	XIII	XX	V	IX	Total
Total	918	640	390	253	252	126	123	64	50	51	2,867/3,058
Percentage of Total	30.0	20.9	12.8	8.3	8.2	4.1	4.0	2.1	1.6	1.7	93.8/100
Rank	1	2	3	4	5	6	7	8	9	10	

Source: Computed based on data from the WTO Secretariat Anti-dumping Rules Division Database

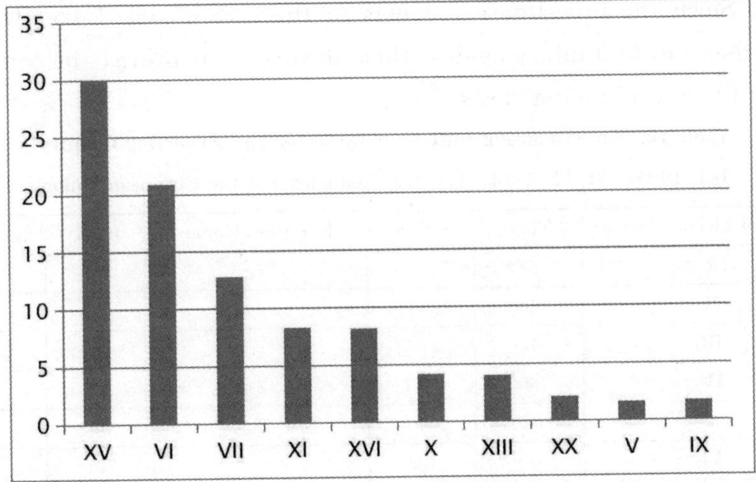

Source: Computed based on data from the WTO Secretariat Anti-Dumping Rules Division Database, 2014

Figure 6. Top 10 Sectors for Imposition of Anti-Dumping Measures by Reporting Member, 1/1/1995—31/12/2014

Tables 8 and 9 and Figures 5 and 6 together show that the top ten manufacturing sectors were involved in 93.0% and 93.8% of the anti-dumping cases (as subjects of initiations and targets). These ten sectors are base metals and articles, products of chemical and allied industries, resins, plastics and articles, rubber and articles, machinery and electrical equipment. The majority of cases involved resource-intensive and science-based sectors. Among the resource-intensive sectors, the leading targeted sector was base metals, which could be due to a large number of anti-dumping filings in the steel industry. In the science-based sectors, chemicals, resins, plastic, and rubber dominated anti-dumping filings between1995—2014. There are various reasons for the concentration of anti-dumping cases in these sectors. Miranda et al. (1998) argued, "The world markets for steel, base chemicals and plastics are highly cyclical. Thus, at the bottom of a cycle, firms operating in these markets may turn to pricing sales below cost."In addition, in an economic downturn, domestic companies in importing countries may use anti-dumping laws to protect themselves. Since the investigating panels in these companies' countries are highly likely to find injury against them during a downturn, the companies rush to file anti-dumping cases.

Table 10. Anti-Dumping Initiations by Sector and Exporting Country, 1/1/1995—31/12/2014 (Selected Countries and the European Union)

Reporting Member/Sector	Total	China	European Union	India	United States
I	58	1	8		15
II	60	1	2		13
III	15			1	
IV	65	2	2		9
V	76	4	6	9	8
VI	961	122	87	327	72
VII	635	39	35	101	40
VIII	5		4		
IX	98		9	9	3
X	229	16	1	14	15
XI	346	4	43	67	14
XII	32		9	1	
XIII	194	2	11	21	5
XIV	1				
XV	1379	16	171	89	287
XVI	408	1	58	90	34
XVII	51	2	9	6	7
XVIII	51	8	1	3	
XIX					

(continued table)

Reporting Member/Sector	Total	China	European Union	India	United States
XX	92		12	2	5
XXI					
...	1				
Total	4757	218	468	740	527

Source: Computed based on data from the WTO Secretariat Anti-Dumping Rules Division Database

C. Trading Blows: the China-U. S. Rivalry

1. Overview of the Situation

The United States is China's leading trade partner, and Washington is one of the most active users of anti-dumping measures against its trade partners. Out of the 1,052 investigations of Chinese companies by all countries, the United States was the initiator of 124 of them over an acrimonious decade.

Table 11. Anti-Dumping Cases Involving China and the U. S. , 1999—2014

	U. S. Against China		China Against the U. S.	
Investigations and Measures	Number of Investigations	Number and % of Cases Resulting in Imposition of Measures	Number of Investigations	Number and % of Cases Resulting in Imposition of Measures
Cases	124	99 (79.8%)	40	33 (82.5%)
Average Duration		more than 5 years		5 years
Average Anti-Dumping Duty Rate		106.3%		43.5%
Countervailing Duty Imposed		98.2%		0%

Source: Computed based on data from the WTO Secretariat Anti-Dumping Rules Division Database

Table 11 shows the final measures imposed by anti-dumping tribunals in the United States and China and the percentage of companies that successfully petition for relief between 1995 and 2014. The United States is an aggressive initiator of anti-dumping investigations against China, bringing three times as many cases (99) against China as China against the United States (33).

From 1999 to 2014, the average anti-dumping duty the United States imposed against Chinese companies was a harsh 106.3%. Most of the anti-dumping measures had an average countervailing duty of 98.2%. On the other hand, none of the anti-dumping measures China imposed against the United States included any countervailing duty (see Table 11); WTO regulations prohibit the imposition of damages as compensation for the injury from dumping or subsidies. In comparison, in the 33 anti-dumping investigations China brought against the United States that resulted in an anti-dumping duty, the average rate was 43.5%, or less than half of the rate the United States imposed in its cases against China.

Many investigations that private companies initiate would not necessarily lead to the imposition of a final measure due to a lack of evidence of either dumping or injury (Neufeld, 2001). While the volume of anti-dumping investigations has increased, the percentage that results in final measures is relatively low. According to Neufeld (2001), out of all anti-dumping investigations initiated in 1998, only 11.6% resulted in the imposition of final measures. In 1999, the percentage was 5.4%. In cases initiated by American companies, 80% of the investigations that ended without final measures were due to a lack of injury, and another 6.6% of those investigations found no dumping. In cases initiated by EU companies that ended without final measures, 22% were due to lack of injury, 26% were withdrawn, and 22% were terminated because the deadline to impose a definitive measure had expired. In the past 7 years, the United States and the European Union have been the leading parties to impose final measures on their trading partners, especially developing economies (Yin 2003; WTO, 2002).

2. The Contrasting Durations of Anti-Dumping Measures

All of the anti-dumping measures that China imposed against the United States have lasted or will last 5 years. However, most of the measures that the United States imposed against China have had a duration of more than 5 years; some have even lasted more than 30 years since the date of their imposition. For example, in September 1983, the United States began to impose an anti-dumping duty on greige polyester cotton print cloth from China, which is still in force today. But Article 11. 3 of the WTO Anti-Dumping Agreement provides that, as a general rule, orders should be revoked after 5 years unless there is a "continuation or reoccurrence of dumping and injury".

In this case, the United States is actually using the anti-dumping measure as a long-term non-tariff barrier to prevent its domestic producers from foreign competition. As of December 31, 2011, 90 American anti-dumping duty orders against China were in effect. Among the 99 orders, some had taken effect in the 1980s; the two related to greige polyester cotton print-cloth and cotton towels began as early as 1983.

The long duration of the anti-dumping measures is a serious issue. The average duration of final duties that the United States has imposed is more than 9 years. As of 2001, the oldest duty still in effect has been in effect for more than 32 years as of 2001. More recently, over 90% of all U. S. anti-dumping duties lasted have a duration of more than 5 years (Neufeld, 2001).

3. The Contrasts in Anti-Dumping Duty Levels

Among the 124 investigations against China as a result of a complaint by American companies, four petitions were withdrawn by the complainant, and 5 resulted in a finding that dumping had not occurred. In four cases, the investigating authority found that dumping had occurred, but because there was no injury, it did not impose an anti-dumping duty. Measures resulted in 99 cases, with anti-dumping duties ranging from 1. 67% to 429. 95%. In one case, the anti-dumping duty varied imposed on the Chinese exporters varied by the individual exporter, with one as high as 400%. Chinese exporters are often afraid to respond or get involved and are, therefore, subject to adverse inferences during the proceeding. In the past, this lack of response could be attributed to a lack of familiarity with

U. S. law.

Chinese companies' low success rate in anti-dumping cases against the United States lies in their fear of a loss of control over their operations. Many do not respond because they are psychologically unprepared to engage in a lawsuit and because they are afraid of the legal costs (Sun & Yang, 2010). In recent years, more Chinese companies have taken an active stance in anti-dumping lawsuits. They have come to understand that the filing of an anti-dumping case and the beginning of an investigation do not necessarily mean that the allegations can be proven. By providing evidence, they can improve their chances of a fair settlement. But if they do not respond or only defend themselves weakly, their products may face a high punitive de facto tariff. The threat of punitive duties is a reason for Chinese companies to actively defend themselves against anti-dumping lawsuits.

For example, in a 2003 anti-dumping lawsuit initiated by the US against Chinese television sets, the anti-dumping duty rates for Changhong, TCL, Konka, and Xoceco TV sets were set at 26.37%, 21.25%, 9.69%, and 5.22% respectively. The weighted average duty rate of other enterprises that responded to anti-dumping lawsuits was 22.94%, while for those who did not respond to anti-dumping lawsuits they faced a punishing tariff of 78.45%. Despite the punitive tariff rate, Konka and Xoceco, two major Chinese television manufacturers, retained their exporting markets while other enterprises were rejected.

4. China's Non-Market Economy Status

According to the agreement of China's accession to the WTO, the US does not have to treat China as a market economy until 2015. It did not have to establish the case in terms of proof of "dumping" and "material injury". Instead, it has the right to determine the fair value price for Chinese goods in order to determine the amount of the anti-dumping duty needed. Under US law, a dumping margin represents the percentage by which the fair-value price exceeds the export price. In the past, it was determined by the pricing policy of a third country market. The WTO anti-dumping agreement specifies three ways to calculate the product's normal price in order to determine the dumping margin. Usually, it is based on the price in the exporter's domestic market. When this cannot be used, two alternatives are available: the price charged by the exporter in another country, or a calculation based on the combination of the exporter's production costs, other expenses and normal profit margins (*WTO Anti-Dumping Agreement Article* 2.2).

IV. The Chinese Anti-dumping Strategy

Since 1994, China has been the numberone target for anti-dumping initiatives in the world. Chinese governments and enterprises should have their own strategies and policies to fight the anti-dumping wars. The following are suggestions for Chinese enterprises and government.

A. Promote And Participate into the Reform of *AD Agreement*

As a member of WTO and the largest export country in the world, China should actively promote and participate in the reform of *WTO Agreement* and its undertakings with the US and the EU. First of all, the requirements for opening an anti-dumping investigation should be tightened by raising the threshold for the determination of "dumping". Given the significantly lower labour costs and other factor endowments, there should different dumping margins set for developed and developing economies. Furthermore, as Neufeld proposed (2001), unjustified anti-dumping investigations should be eliminated. A stricter test of injury should be conducted before the opening of an investigation and the injury determination should be on a firm-specific basis. Any country's anti-dumping laws should be based on WTO rules.

B. Being Active in the Anti-dumping Club

Chinese government and Chinese enterprises should pay much more attention to their own markets for possible dumping behaviour of foreign companies and related industrial injury. Instead of remaining passive anti-dumping targets, they should be armed with the anti-dumping regulations and be more active in initiating anti-dumping investigations against unfair trade practices of their trading partners. They should encourage and assist Chinese firms in actively defending themselves in litigations, especially those litigations initiated by developed countries like the US and EU.

C. Active Use of Anti-dumping Instrument

China should actively use the anti-dumping instrument to protect and defend its domestic industries. As we know, there were 843 anti-dumping investigation cases against China from 1995 to 2014. However, China only initiated 218 investigations against other countries during that time. They should encourage their enterprises to respond to other country's anti-dumping investigations and to file more anti-dumping lawsuits. As well Chinese companies will need government support to pay the legal costs of these proceedings.

D. Assistance of the Government in Anti-dumping Actions

The two main reasons Chinese firms rarely respond to anti-dumping investigations are that a) they are not familiar with the anti-dumping rules and regulations and b) they do not have the financial resources to afford the high cost of legal proceedings. The Chinese government should provide anti-dumping-related legal services and financial support to the domestic exporters. The government should provide domestic enterprises with training on anti-dumping instruments; assist them in responding to allegations of dumping, in initiated an investigation against foreign dumping, as well as responding to other unfair competition. The government should train more attorneys who are able to master the WTO anti-dumping rules and codes, as well as the anti-dumping laws of other countries. The Chinese government should use the anti-dumping duties collected to support the Chinese enterprises under investigation for anti-dumping practices in foreign jurisdictions.

V. A Case Study of the Solar Panel EU-China Dispute

A. Background

With the development of the world economy, more clean energy is needed, and solar is an important form of this clean energy. Solar electricity production is a good financial investment, and becomes increasingly so, as more people and companies invest in it. Solar panel and solar electricity production equipment business has been a rapid developmental frontier in the past decade.

Because of China's technical expertise required in producing solar panels, and as a result of a competitive market, two-thirds of solar panels production worldwide capacity are produced by China. The worldwide glut of solar panels, which has lasted nearly two years, is partly the result of big government-backed investments in factories in China. Worldwide, solar companies have the capacity to manufacture between 60 and 70 gigawatts' worth of solar panels a year, yet demand in 2013 is only expected to be approximately 30 gigawatts. Consequently, a dozen solar panel manufacturers in the United States and another dozen in Europe have declared bankruptcy. They have either failed or cut back production after finding that they are unable to cover their costs at the current low prices for solar panels.

Table 12. Solar Production Company Bankruptcies

Company	Number of Employees	Country	Main Product	Date of Bankruptcy
Solarday S. P. A	51,200	Italy	Photovoltaic module	08/04/2012
NS Solar Material		Japan	Raw materials for polycrystalline silicon solar cells	09/2012
Ralos New Energies AG		Germany	Photovoltaic system	02/2012
Scheuten Solar	2000	Germany	Photovoltaic module	02/2012
Sun Concept	100	Germany	Photovoltaic system design, installation, and operation	03/2012
Energy Conversion Devices Inc.		U. S.	Thin-film solar panels	04/2012
Evergreen Solar, Inc.		U. S.		2011
Solyndra		U. S.		2011
Spectra Watt		U. S.		2011
Odersun	260	Germany		2012
Solarhybrid		Germany	Photovoltaic [MODULES? SYSTEMS?]	21/03/2012
Q-Cells		Germany	Solar cells	03/04/2012

Source: The WTO Secretariat Anti-Dumping Rules Division Database

From 2011, the US and EU started a solar panel trade war with China on the grounds that the Chinese panels were being sold below cost. The United States Department of Commerce set anti-dumping duties ranging from 18.32 percent to 249.96 percent on solar-energy cells imported from China, the result of a complaint brought by the American unit of Bonn-based SolarWorld AG (SWV).

Separately, the Department of Commerce set higher final anti-subsidy tariffs on Chinese producers because the US claims the Chinese were violating trade rules with their own government subsidies. China set a rate of 15.97 percent on solar cells made by Trina, up from a preliminary rate of 4.73 percent imposed in March; they set a rate of 14.78 percent for those made by Suntech, up from 2.9 percent. An anti-subsidy tariff of 15.24 percent was imposed on solar goods from other Chinese exporters.

Meanwhile, the EU launched an anti-dumping investigation into Chinese solar panels covering alleged dumping dating back to September 2012. The complaint was filed in July 2013 by a group of 25 producers of solar gear, including companies from Germany, Italy and Spain. It is the biggest anti-dumping claim ever filed by the EU. The investigation is expected to last 15 months, and in its preliminary finding the EU ruled against Chinese firms finding imposed temporary tariffs until a final determination was made.

The Department of Commerce believes that the Chinese government has provided unfair support for its domestic solar-manufacturing industry, leading to a price collapse that caused US plants to shut. They set duties of 18.32 percent on the value of Trina Solar imports after finding its goods were sold, or "dumped", in the US below cost. The Department set 31.14 percent preliminary penalties on the company's merchandise. Suntech, the world's largest solar-power equipment maker, faces anti-dumping duties of 31.73 percent, compared with a rate of 31.22 percent set in May 2012.

B. Suntech's Bankruptcy

With the worldwide solar companies bankrupted, it has become increasingly difficult for the US and EU to use anti-dumping instrument against solar enterprises. Until 2012, Suntech Power Holdings was the world's largest producer of solar panels. They announced the bankruptcy of their main Chinese subsidiary on March 20, 2013; a stark illustration of the declining fortunes of the global solar industry.

Suntech's Wuxi subsidiary was the first big Chinese solar group to declare insolvency and the world's biggest such bankruptcy, following a string of failed western solar companies including? Q-Cells in Germany and Solyndra in the US.

Suntech Power Holdings Co. Ltd. employed more than 10,000 employees, including more than 100 scientists working directly with solar panels, and they even set up a small solar panel assembly factory in Arizona. Their income rapidly rose and peaked in 2010. The main market of their products is the US and EU, and China dominates the market with its competitively priced solar panels. However, a tenfold expansion of Chinese solar panel manufacturing capacity from 2008 to 2012 pushed down the price of solar panels by approximately 75 percent, which undermined the economics of the business. Suntech almost lost the US market after the US imposed anti-dumping and anti-subsidy duties from May 2011. Although Suntech's bankruptcy is not the only reason that the US and the EU started anti-dumping disputes with China, the imposition of duties caused Suntech to lose its hold on the foreign markets, which precipitated their bankruptcy.

In the 4th quarter of 2011, Suntech held 38% of the share of the US market. In the 1st quarter of 2012, this percentage dropped by 15, to 23%. Part of this decrease can be accounted for due to the rapid expansion of natural gas production in the US and a curtailment of subsidies in the EU, both of which hurt solar panel prices.

According to Jenny Chase, the Head of Solar Analysis at Bloomberg New Energy Finance, "what the Suntech case shows us is that the Chinese companies are not too big to fail... We are entering a period of great difficulty for Chinese solar manufacturers(Hook, 2013)".

China is the world's biggest producer of solar panels, but the sector is suffering due to overcapacity, after a rapid expansion fuelled by cheap loans and preferential government policies. US-listed Suntech is emblematic of the country's swift entry into, and then dominance of, the market.

Their bankruptcy is a sign of the worldwide consolidation of the solar industry, which has been crippled by a glut of products on world markets and Western tariffs on Chinese products. It also signals China's unwillingness to continue to subsidize struggling manufacturers in the industry, which is contributing to the steep decline of its green energy pursuits.

The final contributor to Suntech's bankruptcy is that most of the cost of a solar panel lies in building the factory, not in operating the equipment to produce the panels themselves. When the industry is severely overcapacity, each company continues running their factories to cover their tiny operating cost. They continue to pay at least a small portion of the interest on the loans they took out to buy the costly factory equipment. With every company pursuing this autonomous approach, the entire industry loses money and virtually no single business is able to cover its fullinterest costs.

In order to bring the supply and demand of solar panels back into a place of balance and equilibrium, hundreds of solar companies are likely going to need to fail. Suntech's bankruptcy will be one among many needed to bring the supply for solar energy back in line with the demand. These company failures will slow the fall in prices and, as demand recovers, allow companies to justify buying new equipment. Thereafter, companies will be able to introduce the innovations that will ultimately be needed for solar power to compete with fossil fuels.

IV. Conclusion

The popular perception is that anti-dumping is highly controversial as an instrument of public policy because it penalizes the consumer and creates a state-managed playing field. From a political economy perspective, unfair trading practices injure industries and dumping goods threatens the employment of workers. It is not surprising, then, to see many countries increasingly relying on anti-dumping initiatives in a highly competitive age. Over time, it has become a front-line strategy against predatory pricing and other state strategies to gain unfair access to export markets when the export sector is the lynch pin of a country's growth strategy in a globalized world. Since 1995, there has been an explosion of anti-dumping suits. From 1995 to 2014, there have been 4757 anti-dumping suits brought by countries, compared to less than 500 trade filings in the 20 years prior to that, with the WTO in Geneva. The trend is that countries are relying not only on the WTO's dispute resolution mechanism as a front-line legal instrument, but have increasingly turned to their national investigative trade tribunals instead with their own standards and jurisprudence.

For this reason, this paper has examined empirically the practices and strategies of the core members of the global anti-dumping club composed of China, US, EU and India and other countries as well. What we found is that China, the industrial workshop of the world, is the leading target of anti-dumping complaints by its trade rivals and competitors. China was the number one defendant, the target of 1052 antidumping investigations and having 759 anti-dumping measures leveled against them between January 1995 and December 2014. This is not surprising since the EU, the US and India have relied on anti-dumping initiatives as a short-term stopgap against the pressures of structural change resulting from highly volatile market conditions. Just as Jacob Viner predicted when he wrote his classic book on the subject, currency differentials create unfair advantage for Chinese or other producers. Countries cannot remain indifferent to asymmetrical market conditions. For economies in the Global South with their labour intensive industries employing hundreds of thousands workers, the cost of governments"doing nothing" is a public policy disaster and unsustainable in the mid- and long-term.

Our study has also examined the win/lost rates of filing anti-dumping complaints before domestic investigatory bodies. Our analysis reveals a wide divergence in practice and standards. There were 3058 cases definite measures implemented in the total 4757 anti-dumping cases from 1995 to 2014. The average success rate was 64.3%.

It is hard to pinpoint bias and identify low standards when comparing

US, EU, Indian and Chinese jurisprudence. Each has their own rules and procedures to gather evidence and make a legal determination following WTO's code and standards. There is large variation in practices between countries with different legal systems and institutional norms. There are many examples where authorities act in their national interest and they do not accept the critique that their investigative bodies are compromised. As a general conclusion, we found that countries follow the WTO code on anti-dumping procedures, rules and regulation, but that there are significant national differences of interpretation of some of the codes. More analysis and research is required to identify the shortcomings of the divergent practices and rules of evidence.

We know that WTO's case jurisprudence is also uneven in addressing complex issues of the environment, labour standards and state subsidies to name but a few trade hot spots that leading commentators such as Robert Howse, Diana Tussie and Amit Ray have analyzed in their research into WTO case law. While it is the case that WTO rules support a high standard of jurisprudence, countries face uncertain outcomes in going before a trade tribunal. In the Brazil-US cotton dispute, it took almost a decade for Brazil to force the US to remove its punitive tariffs and in the end it spent millions of dollars in legal fees. The compromise accepted by WTO jurisprudence is that the US pays Brazil "injury" protection compensation and has kept its cotton subsidies flowing to US producers. Legalized protection has a place in trade governance however controversial.

The most important part of the study focuses on China's use of anti-dumping initiatives. Two trends are discernible. First, given its global prominence as the 'workshop of the world', China is the most targeted country This antagonism is not exclusively North-South, as China and India are also trade rivals and competing to dominate Asia's regional economy. Secondly, we were quite surprised to find that there are 1052 anti-dumping investigation cases against China from 1995 to 2014. Yet, China initiated only 218 investigations against other countries. According to trade theory, China should be retaliating and leveling the playing field. But it has not done so, contrary to orthodox trade theory. We need a better explanation of Chinese trade strategy. It does not appear to be driven by a dynamic of equivalent retaliation. Instead, it is a strategy that seeks to negotiate differences and propose alternative arrangements between trade rivals. The solar panel dispute illustrates the complexity of China's two level games. On one hand, it is committed to the protection and reorganization of its troubled but lucrative multi-billion dollar solar panel export industry. On the other hand, it succeeded in negotiating an informal alliance with Germany to head off punitive EU tariffs that were recommended by the EU Commissioner. If there is no resolution of the solar panel conflict, the European consumer and the Chinese solar panel industry would have both suffered. The dispute is still ongoing, and it now appears likely that there will be a settlement that limiting Chinese exports to the European Union in the coming months. Practically speaking, managed trade, and not free trade, is the standard of the day.

Finally, China also employs anti-dumping policies as a defensive mechanism to protect its commercial interests. China is cognizant of the anti-China sentiment fueled by the success of its low-wage, export-led strategy. As the United States and the European Union continue to struggle with their declining competitiveness, it serves their national interest to "punish" Chinese companies that are too aggressive in trying to win market share. For instance, even after NAFTA promised open access for Canadian steel producers, these producers in fact were not allowed to have more than 3% of the U. S. steel market. If Canada's steel industry breached this unwritten rule, they would face anti-dumping allegations and suffer penalties. The battle for market share is most intense when tariffs around the world are at historic lows and global marketing chains are becoming more ruthless in cutting costs. After the 2008 financial crisis, a highly volatile market has intensified competition between China with the United States and other advanced economies. Anti-dumping practices are a barometer of the new world order and should be closely tracked.

Appendix：WTO Harmonized System（HS）Section Codes

HS	Section Name
I	Live animals and products
II	Vegetable products
III	Animal and vegetable fats，oils and waxes
IV	Prepared foodstuff；beverages，spirits，vinegar；tobacco
V	Mineral products
VI	Products of the chemical and allied industries
VII	Resins，plastics and articles；rubber and articles
VIII	Hides，skins and articles；saddlery and travel goods
IX	Wood，cork and articles；basket ware
X	Paper，paperboard and articles
XI	Textiles and articles
XII	Footwear，headgear；feathers，artif flowers，fans
XIII	Articles of stone，plaster；ceramic prod.；glass
XIV	Pearls，precious stones and metals；coin
XV	Base metals and articles
XVI	Machinery and electrical equipment
XVII	Vehicles，aircraft and vessels
XVIII	Instruments，clocks，recorders and reproducers
XX	Miscellaneous manufactured articles

References

[1] KYLE BAGWELL, ROBER W. STAIGER. The economics of the world trading system[M]. Cambridge: MIT Press Ltd, 2003.

[2] KYLE BAGWELL, ROBERT W. STAIGER, POTROSC. MAVROIDIS. The case for auctioning countermeasures in the WTO. (Working Paper No. 9920)[J/OL]. the National Bureau of Economic Research: http://www.nber.org/papers/w9920.

[3] BRUCE A. BLONIGEN, CHAD P. BOWN. Antidumping and retaliation threats[J]. Journal of International Economics, 2003:249-273.

[4] BOLTON. Anti-dumping and distrust: reducing anti-dumping duties under the W. T. O. Through Heightened Scrutiny[J]. Berkeley Journal of International Law, 2011: 66—93.

[5] CP BOWN. Why are safeguards under the WTO so unpopular? [J] World Trade Review, 2002, 1(1):47—62.

[6] CHAD P. BOWN. Taking stock of Antidumping, Safeguards, and Countervailing Duties, 1990—2009. (Working Paper No. 5436.) Retrieved from the World Bank website: elibrary.worldbank.org/doi/pdf/10.1596/1813—9450—5436.

[7] CHAD P. BOWN, BERNARD HOEKMAN, CAGLAR OZDEN. The pattern of US antidumping: the path from initial filing to WTO dispute settlement[J]. World Trade Review, 2008, 2(3):349—371.

[8] BROUDE TOMER. An Anti-dumping "to be or not to be" in five acts: a new agenda for research and reform. Journal of World Trade, 2003, 37(2):305—328.

[9] DAN CIURIAK. Anti-dumping at 100 years and counting: A Canadian Perspective[J]. The World Economy, 2010(5):641—649.

[10] JM DROPE, WL HANSEN. Anti-dumping's happy birthday? [J]. The World Economy, 2006(4):459—472.

[11] EVENETT. Sticking to the rules: quantifying the market access that is potentially protected by WTO-sanctioned trade retaliation[J]. World Trade Institute, 2002.

[12] SUN FANGCHENG, YANG XINGLONG. Research on antidumping-responding strategies of small and medium-sized enterprises in a situation of trade protectionism [J]. International Conference on the Growth of Firms and Management Innovation, 2010.

[13] FINGER J. M, SAFEGUARDS: making sense of GATT/ WTO provisions allowing for import restrictions[J]. In B. Hoekman, A. Mattoo, and P. English (eds.),

Development, Trade and the WTO: A Handbook, (pp. 186-194). Washington DC: World Bank.

[14] JM FINGER, A ZLATE. WTO rules that allow new trade restrictions: the public interest is a bastard child[J]. the U. N. Millennium Project Task Force on Trade. 2003.

[15] N GRIMWADE. Anti-dumping policy: an overview of the research[J]. London South Bank University website: bus. lsbu. ac. uk/cibs/sites/bus. lsbu. ac. uk. bus. cibs/files/1—09. doc.

[16] HOEKMAN, KOSTECKI. The political economy of the world trading system[M]. USA: Oxford University Press,2010..

[17] HOOK L. Top solar panel maker goes bankrupt[NIOL]. CNN. http://edition. cnn. com/2013/03/20/business/china-suntech-bankrupt.

[18] LI YUEFENG. Why has China become a target of anti-dumping activities? [J]. People's Republic of China. 2007(1):48—59.

[19] BRINK LINDSEY,DAN IKENSON. Antidumping 101: The Devilish Details of "Unfair Trade" law [J]. Journal De Physique,2011:427—433.

[20] MIRANDA, RA TORRES, M RUIZ. The international use of anti-dumping: 1987—1997. Journal of World Trade,1998(5):5—71.

[21] MANKIW N. Gregory, Phillip L. Swagel. Antidumping: The Third Rail of Trade Policy[J]. Foreign Affairs,2005, 84(4): 107—119.

[22] NEUFELD INGE NORA. Anti-dumping and countervailing procedures-use or abuse? Implications for developing countries[J]. United Nations Conference on Trade and Development: Policy Issues in International Trade and Commodities Study Series, No 9. United Nations: Geneva Switzerland.

[23] TANCZOS F. Unfair play: Examining the U. S. Anti-Dumping "war" against China[J]. Social science Electrenc Publishing,2009:77—93.

[24] World Trade Organization. (2014). 2014 Annual Report. Retrieved from htp://www. wto. org/english/res_e/booksp_e/anrep_e/anrep13_e. pdf.

[25] World Trade Organization. (2013). 2013 Annual Report. Retrieved from htp://www. wto. org/english/res_e/booksp_e/anrep_e/anrep12_e. pdf.

[26] World Trade Organization. (2012). 2012 Annual Report. Retrieved from htp://www. wto. org/english/res_e/booksp_e/anrep_e/anrep11_e. pdf.

[27] World Trade Organization. (2011). 2011 Annual Report. Retrieved from htp://www. wto. org/english/res_e/booksp_e/anrep_e/anrep10_e. pdf.

附录:1995 — 2016 年全球反倾销数据

附表 1:针对出口商的反倾销调查案件数 01/01/1995 — 31/12/2016

Anti – dumping Initiations: By Exporter 01/01/1995 — 31/12/2016

Exporter	1995	1996	1997	1998	1999	2000	2001	2002	2003	2004	2005	2006	2007	2008	2009	2010	2011	2012	2013	2014	2015	2016	Total
Algeria					1			1															2
Argentina	1			1	4	2	5	3	1	3	4	3	1	2	2	2	1	2	5	2	2		46
Armenia														1									1
Australia	1		2	2	3	4	1	3	2			1	2	2			1	1	1		5		31
Austria		2	3		3	3		1		1		1		2		2	1	1				1	21
Bahrain					1																1		2
Bangladesh							1						1								2	1	5
Belarus					3	4	3	2	1	2			1	2		1	3					2	24
Belgium	1	2	3	3	1		5	1	3	2					3	1	1		2	1	1	3	33

（续表）

Exporter	1995	1996	1997	1998	1999	2000	2001	2002	2003	2004	2005	2006	2007	2008	2009	2010	2011	2012	2013	2014	2015	2016	Total
Bosnia and Herzegovina	1												1			1							3
Brazil	8	10	5	6	13	9	13	3	3	10	4	7	2	3	12	3	3	2	6		7	13	142
Bulgaria		3	2	1	1	1	2		1		1	1		1			1						15
Canada	2	1	3	4		1	7	5	4	2	1	1	2	2	1	2	1		2		2	2	45
Chile	2	2	2	2	1	6	4	4			1	1		1	1	2		2	2			1	34
China	20	43	33	27	43	43	55	50	53	49	53	73	61	78	78	44	51	60	76	63	70	94	1217
Colombia		1		2			1	1											2				7
Costa Rica				2																			2
Croatia	1			1	1	1					1												5
Cuba		1			1																		2
Czech Republic	1	1		2	7	3	2	1	1				1				1		1				21
Denmark	1	1		2	2							1						1	1				9
Dominican Republic							1						1			1							3
Ecuador								1		1				1									3
Egypt	1	2	1	2		1	3					2						1	1	5			19
El Salvador															2	1							3
Estonia			1			1	1	1									1						5
European Union		1	2	4	7	9	9	10	10	3	5	3	2	4	6	9	3	5	8	8	3	7	118
Faeroe Islands								2															2

（续表）

Exporter	1995	1996	1997	1998	1999	2000	2001	2002	2003	2004	2005	2006	2007	2008	2009	2010	2011	2012	2013	2014	2015	2016	Total
Finland			1	1	2		1	2	2	2	1		1			2		2		1	1	2	21
Former Yugoslav Republic of Macedonia	1		1	1	1		2	1				1						1					9
France		4	4	10	7	2	3	2	3	1	1	1	1	1	1	2			1	3	4	1	52
Georgia								1													1	1	3
Germany	7	9	13	8	11	6	9	7	3	2	2	2	4	1	3	3	2	3	7	4	4	1	111
Greece			3			1	1		1					1	1				1			1	10
Guatemala		1					1				1				1	1							5
Honduras				1																			1
Hong Kong，China	1	4	2	3	2	1	3	3			2	2	3	3	2		1		1	1	1	1	36
Hungary	2		2	2	4		4	1								1				1			17
India	3	11	8	13	13	10	12	16	14	8	14	6	4	6	7	4	7	10	11	15	13	12	217
Indonesia	7	7	9	5	20	13	18	12	8	8	14	9	5	11	10	4	5	6	7	5	6	9	198
Iran，Islamic Republic of		1	2		2	3	2	2	1	2			1	3	1	2		1	1		3	6	33
Ireland			2	1					1	2													6
Israel		1	2	1		1	2						1	1	1		2		1	3			16
Italy	6	5	5	5	2	5	8	3	4	1	1			2	2	1	2	3	3	1	3	2	64
Japan	5	6	14	14	22	12	14	13	16	9	7	9	4	3	5	5	5	6	11	7	8	12	207
Jordan							1																1

（续表）

Exporter	1995	1996	1997	1998	1999	2000	2001	2002	2003	2004	2005	2006	2007	2008	2009	2010	2011	2012	2013	2014	2015	2016	Total
Kazakhstan	3	1	2	4		3	3	6				2		1			1						26
Kenya																1	1						2
Korea, Democratic People's Republic of							1									1							2
Korea, Republic of	14	11	15	27	35	23	23	23	17	24	12	10	13	9	8	9	11	22	25	18	17	32	398
Kuwait														1		1							2
Kyrgyz Republic																				1			1
Latvia			2	1	1	3																	7
Libyan Arab Jamahiriya						1	1																2
Liechtenstein			1																				1
Lithuania			1		4	1	1	3									1						11
Luxembourg							2			1													3
Macao, China	1							1				1		1	1		1						6
Malawi					1																		1
Malaysia	2	3	5	4	7	9	6	4	8	6	14	5	7	10	7	4	2	3	9	10	3	10	138
Mexico	3	5	2	9	4	1	4	1	4	3	1	2	2		5	5	3	3	6	3	6	3	75
Moldova						2	1							1									4
Mozambique			1																				1
Nepal							2														1		3

（续表）

Exporter	1995	1996	1997	1998	1999	2000	2001	2002	2003	2004	2005	2006	2007	2008	2009	2010	2011	2012	2013	2014	2015	2016	Total
Netherlands	6	1	5	3	2	3	4	1		2					1	1			2	1	3		35
New Zealand	1	1			2		3	1					1	1	1								11
Nicaragua		1																					1
Nigeria									1														1
Norway		1				1	1	1		1				1		1				1			8
Oman							1								1	2	2	1		2	2		11
Pakistan		2	1		1		1	2	2		1				1	1	1	2	1	4	1	2	23
Paraguay			1												1								2
Peru	1					1								2					2		1	2	9
Philippines	2					1	1	1	1	2		3		1					2	2	1	1	18
Poland	2	3	3	5	3	5	1	4	1	2						1	2		1			2	35
Portugal		2		2		1	1									1			2	1	2	1	13
Qatar							1														1	1	3
Romania	1	2	1	5	4	4	5	8	2		2			2		1	1	1			2		41
Russian Federation	2	7	7	13	18	12	9	20	2	8	4	5	6	2	4	2	3	3	5	4	7	12	155
Saudi Arabia		1		3	2	3	1	1	2		1	1		4	2	2	1	2	5	2		2	35
Serbia																		1				1	2
Serbia and Montenegro					1		1				1												3
Singapore	2		4		5		12	9	1	1	1	6	2		1	1		2	1	5		2	55

（续表）

Exporter	1995	1996	1997	1998	1999	2000	2001	2002	2003	2004	2005	2006	2007	2008	2009	2010	2011	2012	2013	2014	2015	2016	Total
Slovak Republic		1	1	1	3	1	2	1		1											1		12
Slovenia	1			1																			2
South Africa	2	6	4	5	4	6	9	10	4		2	2	1	3	1	1	1	2	3	2		3	71
Spain	2	4	7	7	5	6	4	2	4	1			1	1		2	1		4	3	1	5	60
Sri Lanka										1			1	2			1			1			6
Sweden	1	2	5		1		2	1		1	1	1		1		1	1		3	1			22
Switzerland		2	1		1				1			1			1	1		1		1			10
Taipei, Chinese	4	9	16	10	22	14	19	16	13	21	13	13	6	11	12	5	9	22	17	13	10	10	285
Thailand	8	9	5	2	19	12	17	12	7	9	13	8	9	13	8	5	8	10	14	9	3	10	210
Trinidad and Tobago			2				1													1			4
Turkey	2	3	1	2	6	7	5	4	4	1		2	3	4	2	4	4	5	5	8	6	7	85
Ukraine	2	3	4	9	9	7	6	8	3	2	4	4	1	2	3	2		3	3	4	3	7	89
United Arab Emirates			1			2	2		3	2			3		1	4	3	1	3	3	2	2	32
United Kingdom	6	4	6	4	2	9	6	2		1	1			3					3		2	1	50
United States	12	21	15	16	14	13	15	11	21	14	12	11	7	8	14	19	10	9	13	11	5	5	276
Uruguay	1				1					1			1						2				6
Uzbekistan	2									1													3
Venezuela, Bolivarian Republic of		1	1	4	2	2	4	3	1								2		2				22

(续表)

Exporter	1995	1996	1997	1998	1999	2000	2001	2002	2003	2004	2005	2006	2007	2008	2009	2010	2011	2012	2013	2014	2015	2016	Total
Viet Nam			1		1	1		3		7	3	2	2	3	3	1	3	8	3	5	12	7	65
Yugoslavia, Socialist Federal Republic of	1	1			1																		3
Zimbabwe	1			1																			2
Total	157	226	246	264	359	296	372	311	234	221	199	203	165	218	217	173	165	208	287	236	229	300	5286

附表 2:各国发起的反倾销案件数据
01/01/1995 — 31/12/2016

Anti – dumping Initiations: By Reporting Member 01/01/1995 — 31/12/2016

Reporting Member	1995	1996	1997	1998	1999	2000	2001	2002	2003	2004	2005	2006	2007	2008	2009	2010	2011	2012	2013	2014	2015	2016	Total
Argentina	27	22	15	6	24	41	28	10	1	12	9	10	7	19	28	14	7	12	19	6	6	25	348
Armenia1																					1 *	1 *	*
Australia	5	17	44	13	24	15	24	16	8	9	7	11	2	6	9	7	18	12	20	22	10	17	316
Bahrain2																					1 *		*
Botswana3	16 *	34 *	23 *	41 *	16 *	21 *	6 *	4 *	8 *	6 *	23 *	3 *	5 *	3 *	3 *		4 *	1 *	10 *	2 *			*
Brazil	5	18	11	18	16	11	17	8	4	8	6	12	13	24	9	37	16	47	54	35	23	11	403
Bulgaria4								1															1
Canada	11	5	14	8	18	21	25	5	15	11	1	7	1	3	6	2	2	11	17	13	3	14	213
Chile	4	3		2		5						1	1	1	1	1	1	1	4		2	1	28
China				3	2	11	14	30	22	27	24	10	4	14	17	8	5	9	11	7	11	5	234
Colombia	4	1	1	6	2	3	6			2	2	9	1	6	5	2	4	2	11	6	7	1	81
Costa Rica		4	1	1							1	1			2						1	1	12
Czech Republic5				2	1																		3
Dominican Republic																1			2			1	4
Ecuador				1												2							3

(续表)

Reporting Member	1995	1996	1997	1998	1999	2000	2001	2002	2003	2004	2005	2006	2007	2008	2009	2010	2011	2012	2013	2014	2015	2016	Total
Egypt			7	14	7	3	7	3	1		12	9	2		2	1	2	1	2	9	4	14	100
El Salvador																						1	1
European Union6	33	25	41	22	65	32	28	20	7	30	24	35	9	19	15	15	17	13	4	14	11	14	493
Guatemala		1																		1			2
Honduras																3							3
India	6	21	13	28	64	41	79	81	46	21	28	31	47	55	31	41	19	21	29	38	30	69	839
Indonesia		11	5	8	8	3	4	4	12	5		5	1	7	7	3	6	7	14	12	6	7	135
Israel	5	6	3	7		1	4			1	4			1	6	6	1	2	1		1	1	50
Jamaica						1	1	1	1						1	1							6
Japan							2						4					1		1	2	1	11
Jordan												1											1
Kazakhstan7																	10 *	1 *	1 *	7 *	1 *	1 *	*
Korea, Republic of	4	13	15	3	6	2	4	9	18	3	4	7	15	5		3		2	8	6	4	4	135
Kuwait2																					1 *		*
Kyrgyz Republic8																					1 *	1 *	*
Latvia5							1	6															7
Lesotho3	16 *	34 *	23 *	41 *	16 *	21 *	6 *	4 *	8 *	6 *	23 *	3 *	5 *	3 *	3 *		4 *	1 *	10 *	2 *			*
Lithuania5					1	6																	7
Malaysia	3	2	8	1	2		1	5	6	3	4	8						11	8	8	14		84

（续表）

Reporting Member	1995	1996	1997	1998	1999	2000	2001	2002	2003	2004	2005	2006	2007	2008	2009	2010	2011	2012	2013	2014	2015	2016	Total
Mexico	4	4	6	12	11	6	6	10	14	6	6	6	3	1	2	2	6	4	6	14	9	6	144
Morocco																	1	2	3	1	2	4	13
Namibia3	16 *	34 *	23 *	41 *	16 *	21 *	6 *	4 *	8 *	6 *	23 *	3 *	5 *	3 *	3 *		4 *	1 *	10 *	2 *			*
New Zealand	10	4	5	1	4	9	1	2	5	5		1	6			1	2		1				57
Nicaragua				2																			2
Oman2																					1 *		*
Pakistan								1	3	3	13	4		3	26	11	7	5	6		12	24	118
Panama				2											4								6
Paraguay					1					1												1	3
Peru	2	8	2	3	8	1	8	13	4	7	4	3	2		4		1	1	1		1		73
Philippines	1	1	2	3	6	2		1	1						1				1			1	20
Poland5			1		7			3	1														12
Qatar2																					1 *		*
Russian Federation9										1	1	4	1	4	8		10	1	1	7	1	1	40
Saudi Arabia10																					1		1
Slovenia5					1																		1
South Africa11	16	34	23	41	16	21	6	4	8	6	23	3	5	3	3		4	1	10	2			229
Swaziland3	16 *	34 *	23 *	41 *	16 *	21 *	6 *	4 *	8 *	6 *	23 *	3 *	5 *	3 *	3 *		4 *	1 *	10 *	2 *			*
Taipei，Chinese			1	6		4	3		2			5			1	2		9	3			8	44

(续表)

Reporting Member	1995	1996	1997	1998	1999	2000	2001	2002	2003	2004	2005	2006	2007	2008	2009	2010	2011	2012	2013	2014	2015	2016	Total
Thailand		1	3				3	21	3	3		3	2	1	1	2	13	5			7	10	78
Trinidad and Tobago		1		4	3	1	1		2											1			13
Turkey			4	1	8	7	15	18	11	25	12	8	6	23	6	2	2	14	6	12	16	17	213
Ukraine							2	3	2	6	2	1	5	7	2	2	6	3	2	2	2	1	48
United Arab Emirates2																					1 *		*
United States	14	22	15	36	47	47	77	35	37	26	12	8	28	16	20	3	15	11	39	19	42	37	606
Uruguay						1	4									1					1		7
Venezuela, Bolivarian Republic of	3	2	6	10	7	1	1	1															31
Viet Nam																			4			3	7
Total	157	226	246	264	359	296	372	311	234	221	199	203	165	218	217	173	165	208	287	236	229	300	5286

附表3：各产业反倾销案件数 01/01/1995 — 31/12/2016

Anti – dumping Initiations：By Sector 01/01/1995 — 31/12/2016

HS section name	1995	1996	1997	1998	1999	2000	2001	2002	2003	2004	2005	2006	2007	2008	2009	2010	2011	2012	2013	2014	2015	2016	Total
I Live animals and products	1	2	2	6	8	3	2	10	2	10			1	1	3		2		4	1			58
II Vegetable products		5	2	4	1	7	8	3	1	6	3	3	1	5	1	1	1	1	2	4	2		61
III Animal and vegetable fats, oils and waxes							4	2	2	1	2	3								1			15
IV Prepared foodstuff; beverages, spirits, vinegar; tobacco	13	6	4	8	2	3	2	3		1	2	7			2	1	5		6	1	6	3	75
V Mineral products	1	4	3	4	9	9	15	8	5	1		2	2	2	1	4	2	2		1	2	8	85
VI Products of the chemical and allied industries	31	42	21	24	74	63	67	96	73	49	37	39	56	34	47	44	29	34	48	53	38	51	1050
VII Resins, plastics and articles; rubber and articles	20	26	36	33	40	24	56	40	26	44	37	24	16	21	31	24	13	40	41	45	23	37	697

(续表)

HS section name	1995	1996	1997	1998	1999	2000	2001	2002	2003	2004	2005	2006	2007	2008	2009	2010	2011	2012	2013	2014	2015	2016	Total
VIII Hides, skins and articles; saddlery and travel goods		3									2												5
IX Wood, cork and articles; basketware	1	4	11	3	1	5	4		11	11	3	2	1	9	7	5	13	1	5	1	3	2	103
X Paper, paperboard and articles	3	14	36	7	18	5	7	7	20	8	6	17	19	2	8	20	11	6	12	3	8	20	257
XI Textiles and articles	1	23	8	28	36	17	27	7	12	21	27	17	12	39	20	7	2	12	21	7	9	16	369
XII Footwear, headgear; feathers, artif. flowers, fans	6	1		4	2	3	2	3			4	3		1	3						3		35
XIII Articles of stone, plaster; ceramic prod.; glass	3	11	11	12	8	6	6	11	11	8	10	12	3	4	11	12	14	13	23	5	12	16	222
XIV Pearls, precious stones and metals; coin							1																1
XV Base metals and articles	43	39	64	111	111	109	138	96	53	39	38	31	23	70	52	43	58	76	97	89	105	129	1614

（续表）

HS section name	1995	1996	1997	1998	1999	2000	2001	2002	2003	2004	2005	2006	2007	2008	2009	2010	2011	2012	2013	2014	2015	2016	Total
XVI Machinery and electrical equipment	24	33	34	10	30	30	24	9	12	16	16	30	28	16	22	10	8	18	22	17	7	14	430
XVII Vehicles, aircraft and vessels	3	3	1		4	5		2	2	2	4	2	1	3	3	1	6	4		5	2	2	55
XVIII Instruments, clocks, recorders and reproducers	1	5	9	5	2		3	3	2	1	1	5		6	3	1	1		1	2	7		58
XX Miscellaneous manufactured articles	6	5	4	5	13	7	6	11	2	3	7	6	2	5	3			1	5	1	2	2	96
Total	157	226	246	264	359	296	372	311	234	221	199	203	165	218	217	173	165	208	287	236	229	300	5286

附表 4:出口商报告的最终反倾销措施 01/01/1995 — 31/12/2016

Anti - dumping Measures: By Exporter 01/01/1995 — 31/12/2016

Exporter	1995	1996	1997	1998	1999	2000	2001	2002	2003	2004	2005	2006	2007	2008	2009	2010	2011	2012	2013	2014	2015	2016	Total
Algeria						1			1														2
Argentina	3				1	1	3	1	1		2	1	2		1	1	2	1	1			2	23
Armenia															1								1
Australia			1	1	2	2			1	2				2		1					1	3	16
Austria	1			3		2							1		2			1					10
Bangladesh							1							1								1	3
Belarus		1				3	4	3	1	1	1			1	1			2					18
Belgium		1		4	5			2	2		1				1		1	1					18
Bosnia and Herzegovina		1															1						2
Brazil	9	10	7	6	5	8	2	6	4	3	5	5	2	2	3	4	2		3	3	1	3	93
Bulgaria	2		1		2	1	1	2		1		1	1			1		1					14
Canada	1			3	1			4	4	1			1	2	1			1		2		1	22
Chile		1	1	3			4	4	1	1		1	1				1		2	1			21
China	27	16	33	24	21	31	31	36	41	44	42	37	46	54	57	57	37	35	52	40	61	44	866
Colombia	1				1																1		3

(续表)

Exporter	1995	1996	1997	1998	1999	2000	2001	2002	2003	2004	2005	2006	2007	2008	2009	2010	2011	2012	2013	2014	2015	2016	Total
Croatia		2				1		1			1												5
Cuba						1																	1
Czech Republic	1	1	1		1	4	1	3	1	1					1								15
Denmark	1			1		1	1													2			6
Dominican Republic								1															1
Ecuador	1								1		1												3
Egypt			2		2									1						1	2	1	9
Estonia					1			1	1														3
European Union			1	1	4	4	8	6	7	6	3	3	1	3	1	4	4	8	4	6	4	5	83
Faeroe Islands										1													1
Finland				1	1	2			1	2	2	1		1				2	1	1			15
Former Yugoslav Republic of Macedonia		1			1		1		1					1									5
France	1	1	2	5	7	3	4	1	1		2				2		1				3	1	34
Georgia									1														1
Germany	4	2	2	7	5	7	1	6	4			2		3	4			1	3	2	7	1	61
Greece				2				1	1						1				1				6
Guatemala									1														1
Honduras					1																		1

(续表)

Exporter	1995	1996	1997	1998	1999	2000	2001	2002	2003	2004	2005	2006	2007	2008	2009	2010	2011	2012	2013	2014	2015	2016	Total
Hong Kong, China		3	1	1	1	1	1	2	2				1	1	2	3		1			1		21
Hungary		1			2	2		2	1								1						9
India	4	1	5	7	9	7	6	6	7	10	2	12	3	6	4	2	3	3	6	6	7	8	124
Indonesia		2	4	7	4	11	5	9	12	2	7	10	3	6	7	8	4	2	7	4	5	5	124
Iran, Islamic Republic of						1	2		1	2	1				1			2	1			1	12
Ireland					2							1											3
Israel	1				1		1	1	1							1		2			3		11
Italy	2	2	1	7	5	1	2	4	2		1				1		2		3	2	2	2	39
Japan	5	6	5	9	11	22	9	5	11	6	7	8	4	3		2	3	5	5	8	5	7	146
Jordan								1															1
Kazakhstan			2	2	4		1	2	7				1	1									20
Kenya																		1					1
Korea, Republic of	4	6	3	15	15	23	12	13	22	13	8	10	6	8	7	4	4	10	18	12	12	14	239
Kuwait																1							1
Kyrgyz Republic																					1		1
Latvia				1	1		4		1														7
Libyan Arab Jamahiriya								1															1
Liechtenstein			1																				1
Lithuania					1	1		1															3

（续表）

Exporter	1995	1996	1997	1998	1999	2000	2001	2002	2003	2004	2005	2006	2007	2008	2009	2010	2011	2012	2013	2014	2015	2016	Total
Macao，China														1		2		1					4
Malawi							1																1
Malaysia	3	3	3	4	3	4	1	4	3	6	3	6	5	2	7	3	5	2	1	5	5	5	83
Mexico		3	4	1	3	4	1	4		3	2	1	2	1	1	2		2	3	6	2	3	48
Moldova	1						2	1															4
Nepal								2															2
Netherlands	2		1	2	1	3	1	2	2		1				1	1					1	1	19
New Zealand				1			1		1							1							4
Nigeria										1													1
Norway			1							1		1					1				1		5
Oman								1								1		1	1		1	2	7
Pakistan	1		1				1		1	2								1		2	1	1	11
Paraguay	1				1											1							3
Peru															1								1
Philippines			1			1		1	1			3									2	1	10
Poland	1	1	3	2	4	2	4	1	1	1	1							1					22
Portugal			1	1	1			1												1		2	7
Qatar								1															1
Romania	2	1	1	2	2	4	1	4	5	2	1	1			1		1		1			1	30

(续表)

Exporter	1995	1996	1997	1998	1999	2000	2001	2002	2003	2004	2005	2006	2007	2008	2009	2010	2011	2012	2013	2014	2015	2016	Total
Russian Federation	8	3	9	5	16	8	8	4	13	5	6	3	1	6		3	1	3	3	1	4	5	115
Saudi Arabia				1	1	1	1	1			1		1		1	2			1	2	1		14
Serbia																			1				1
Serbia and Montenegro						1	1					1											3
Singapore				3		3		7	7	1		2	4	3		1		1	1		3	2	38
Slovak Republic			1		2	1		2	1		1												8
Slovenia		1																					1
South Africa	2	3	2	2	3	4	3	7	8					4		2	1		2	2	1	2	48
Spain	3			4	4	3	3	3		1	1			1	1		1			2	1	2	30
Sri Lanka										1					1				1				3
Sweden				4	1	1			1		1	1		1	1			1		2	1		15
Switzerland				1						1			1								1		4
Taipei, Chinese	2	2	7	12	8	17	8	13	11	10	8	7	7	9	7	8	5	9	12	11	11	7	191
Thailand	5	8	2	5	1	12	8	8	8	6	6	8	4	4	10	7	7	3	9	8	9	2	140
Trinidad and Tobago			1	1				1															3
Turkey	1	1	1	2	4	3	3	3	2	2				3		1	2	2	3	2	4	6	45
Ukraine	5	1	3	5	7	8	7	5	6		1	3	2	1	1	1	1	2	1	3	2	4	69
United Arab Emirates							1	1		1	1	1		1	1		1	3	2	2	2	1	18
United Kingdom	3	1	2	3	3	1	2	5	1			1			2	1					2	2	29

（续表）

Exporter	1995	1996	1997	1998	1999	2000	2001	2002	2003	2004	2005	2006	2007	2008	2009	2010	2011	2012	2013	2014	2015	2016	Total
United States	8	4	9	12	8	13	4	10	6	10	13	9	4	7	5	7	7	9	5	12	7	8	177
Uruguay							1				1			1									3
Uzbekistan										1													1
Venezuela, Bolivarian Republic of	4	1		1		2		1	2	1									1				13
Viet Nam				1		1	1		1	2	4	2	2	2	4	2			6	6	3	7	44
Yugoslavia, Socialist Federal Republic of		1																					1
Zimbabwe			1																				1
Total	120	92	127	185	190	238	169	218	224	154	138	142	106	143	143	135	99	120	161	157	181	163	3405

附表5：世界贸易组织成员方报告的最终反倾销措施 01/01/1995 — 31/12/2016

Anti – dumping Measures ： By Reporting Member 01/01/1995 — 31/12/2016

Reporting Member	1995	1996	1997	1998	1999	2000	2001	2002	2003	2004	2005	2006	2007	2008	2009	2010	2011	2012	2013	2014	2015	2016	Total
Argentina	13	20	11	13	9	16	14	22	19	1	8	4	8	5	16	15	8	9	9	9	11	1	241
Armenia1																					5 *	4 *	*
Australia	1	1	1	20	6	5	11	9	10	4	3	5	1	3	2	2	5	10	9	14	10	5	137
Botswana2		8 *	18 *	13 *	36 *	13 *	5 *	15 *	1 *	4 *		7 *	1 *	3 *	3 *	1 *		1 *	2 *	1 *	5 *		*
Brazil	3	6	2	14	5	9	13	5	2	5	3		9	11	16	5	13	14	30	32	31	13	241
Canada	7		7	10	10	14	19		5	8	4		3	3	2	3	1	10	7	6	13	3	135
Chile	2		2	2									1		1	1		1				1	11
China				3	2	5		5	33	14	16	24	12	4	12	15	6	5	8	12	5	11	192
Colombia	1	1	1		6	2				1	1	1	7		3	1			6	4	2	1	38
Costa Rica									1				2										3
Czech Republic3						1																	1
Dominican Republic																	1			1			2
Egypt				5	14	1	2	7	4	1		12	2	3		1	1		1		1	4	59
European Union4	15	23	23	28	18	41	13	25	2	10	20	12	12	16	9	5	11	3	12	1	10	5	314
Guatemala			1																				1

（续表）

Reporting Member	1995	1996	1997	1998	1999	2000	2001	2002	2003	2004	2005	2006	2007	2008	2009	2010	2011	2012	2013	2014	2015	2016	Total
India	7	2	8	22	23	55	38	64	52	29	18	16	24	31	30	32	26	30	12	15	38	37	609
Indonesia			4	2	7		1		1	8	4	2		5	1	5	2	4	5	3	6		60
Israel	1			6	4		1	2		1		3	1			2	1		1			1	24
Jamaica							1	2		1													4
Japan	1							2						4							1	2	10
Kazakhstan5																	1 *	4 *	6 *		5 *	4 *	*
Korea, Republic of		5	10	8		5		1	4	10	3	8		12	4		2		5	5	3	3	88
Kyrgyz Republic6																					5 *	4 *	*
Latvia3								1	1														2
Lesotho2		8 *	18 *	13 *	36 *	13 *	5 *	15 *	1 *	4 *		7 *	1 *	3 *	3 *	1 *		1 *	2 *	1 *	5 *		*
Lithuania3							7																7
Malaysia		2	2	4	1	1		1	7		7								11	2	5	5	48
Mexico	16	4	7	7	7	6	3	4	7	7	8	5			1	2	1	4	2	8	9	12	120
Morocco																		1	1	4	1		7
Namibia2		8 *	18 *	13 *	36 *	13 *	5 *	15 *	1 *	4 *		7 *	1 *	3 *	3 *	1 *		1 *	2 *	1 *	5 *		*
New Zealand	3	4		1			2	1		2	4	2	3				2						24
Nicaragua					1																		1
Pakistan								1	2	4	1	7	4		6	5	7	6	7		1	2	53
Paraguay					1					1													2

(续表)

Reporting Member	1995	1996	1997	1998	1999	2000	2001	2002	2003	2004	2005	2006	2007	2008	2009	2010	2011	2012	2013	2014	2015	2016	Total
Peru	2	2	3		3	4	1	7	7	8	3	4	1		2	1	1		1		1	1	52
Philippines		2	1	1	3	4															1		12
Poland3				1		6			2														9
Russian Federation7												1	1	4	1	10	1	4	6		5	4	37
Singapore	2																						2
South Africa8		8	18	13	36	13	5	15	1	4		7	1	3	3	1		1	2	1	5		137
Swaziland2		8 *	18 *	13 *	36 *	13 *	5 *	15 *	1 *	4 *		7 *	1 *	3 *	3 *	1 *		1 *	2 *	1 *	5 *		*
Taipei, Chinese			1	5	1	1		2				1	1			2	1		2				17
Thailand			1	2				1	20	1	2		1		3		3	2	7	4		5	52
Trinidad and Tobago				2		1	2		1	1												1	8
Turkey	11				1	8	2	11	28	16	9	21	6	11	9	10	2	1	8	9	7	9	179
Ukraine							1	2	2	2	6	2	1	5	7			7	2	1	1	2	41
United States	33	12	20	16	24	31	33	27	13	14	18	5	5	23	15	17	4	7	7	22	14	35	395
Uruguay																		1					1
Venezuela, Bolivarian Republic of	2		4		8	9		1		1													25
Viet Nam																				4			4
Total	120	92	127	185	190	238	169	218	224	154	138	142	106	143	143	135	99	120	161	157	181	163	3405

附表 6:各产业最终的反倾销措施 01/01/1995 — 31/12/2016

Anti – dumping Measures: By Sector 01/01/1995 — 31/12/2016

HS section name	1995	1996	1997	1998	1999	2000	2001	2002	2003	2004	2005	2006	2007	2008	2009	2010	2011	2012	2013	2014	2015	2016	Total
I Live animals and products	2		1	2	1	3	7		1	2	6	1				1		1			3		31
II Vegetable products	4	1	1	4	3	1	3	3	1		2	4	3	1	2	2		1			1	1	38
III Animal and vegetable fats, oils and waxes								1			1											1	3
IV Prepared foodstuff; beverages, spirits, vinegar; tobacco	6	6	1	3	1	1	4	1	1			6	3				2			2			37
V Mineral products		1	2	3	1	5	10	8	2	7			1	1	2		3		3		1	2	52
VI Products of the chemical and allied industries	19	12	22	15	15	49	39	56	68	46	31	27	28	46	18	32	28	36	22	31	50	39	729
VII Resins, plastics and articles; rubber and articles	10	11	13	14	27	26	11	25	48	24	23	28	7	25	13	15	12	8	30	21	26	12	429

（续表）

HS section name	1995	1996	1997	1998	1999	2000	2001	2002	2003	2004	2005	2006	2007	2008	2009	2010	2011	2012	2013	2014	2015	2016	Total
VIII Hides, skins and articles; saddlery and travel goods			1									1											2
IX Wood, cork and articles; basketware	1		1	6	7	1		3		4	5	5		3	6		2	1	5	1	2	3	56
X Paper, paperboard and articles	2		2	29	5	10	2	6	10	4	10	7	4	11		2	4	13	1	4	2	8	136
XI Textiles and articles	4	8	9	2	21	26	9	30	2	12	13	23	17	10	30	17	2	3	5	8	4	8	263
XII Footwear, headgear; feathers, artif. flowers, fans	1		3	3		7	2	1				2	1		1	2							23
XIII Articles of stone, plaster; ceramic prod.; glass	3	3	1	6	5	7	1	2	10	5	4	7	5	4	4	5	13	8	11	19	6	4	133
XV Base metals and articles	49	24	46	64	85	83	65	60	66	39	24	16	11	29	29	40	21	41	69	61	57	72	1051
XVI Machinery and electrical equipment	9	17	16	30	4	14	11	15	8	6	12	9	15	12	27	14	7	7	11	8	19	6	277

（续表）

HS section name	1995	1996	1997	1998	1999	2000	2001	2002	2003	2004	2005	2006	2007	2008	2009	2010	2011	2012	2013	2014	2015	2016	Total
XVII Vehicles, aircraft and vessels	1	5	1	1	1		1		2	2	1		5		1	2	2	1	3		6	3	38
XVIII Instruments, clocks, recorders and reproducers	2	1			11		1		1	1	3		4		5	1	3	1		1		4	39
XX Miscellaneous manufactured articles	7	3	7	3	3	5	3	7	4	3	2	6	2	1	5	1			1	1	4		68
Total	120	92	127	185	190	238	169	218	224	155	137	142	106	143	143	134	99	121	161	157	181	163	3405